LUTHER-
VERLAG

AF557284

Christian Hemschemeier

DER LIEBESCODE

Beziehungen von morgen

Luther-Verlag

Bibliographische Information der Deutschen Nationalbibliothek
Die Deutsche Nationalbibliothek verzeichnet diese Publikation in der Deutschen Nationalbibliographie; detaillierte bibliographische Daten sind im Internet über http://dnb.d-nb.de abrufbar.
ISBN 978-3-7858-0753-8

Umwelthinweis:
Dieses Buch wurde auf chlorfrei gebleichtem Papier gedruckt.

Umschlaggestaltung: tiefschwarz und edelweiß, Hagen (www.tsew.de)
Satz: Luther-Verlag GmbH, Bielefeld
Druck und Bindung: Rudolph Druck oHG, Schweinfurt
Printed in Germany

Inhalt

Vorwort

Über mich und warum ich das Buch geschrieben habe

Willkommen, liebe Leserinnen und Leser, die bessere, glücklichere Beziehungen führen wollen! Ich bin Christian Hemschemeier, Diplom-Psychologe, Coach und Psychotherapeut. Ich bin seit 2000 selbstständig und habe in sehr vielen verschiedenen Einrichtungen, Organisationen und auch Unternehmen gearbeitet. Was über die ganzen Jahre gleich geblieben ist, ist die Faszination an der Arbeit mit Beziehungen und Paaren. Durchgängig habe ich als Paartherapeut gearbeitet und sicherlich 1500 Paare betreut, vielleicht auch noch mehr. Ich gebe zahlreiche Fortbildungen in diesem Bereich. Wenn du mehr über mich und meine auch zu diesem Buch passenden Angebote lesen willst, schau gerne mal nach auf www.liebeschip.de und www.eheberatung.info.

Ich habe in der Zeit eine Vielzahl von Paartherapie*schulen* kennengelernt, war aber häufig unzufrieden mit den aus meiner Sicht vorhandenen eingeengten Vorgehensweisen. Daher habe ich immer mehr an einem eigenen Stil gearbeitet. Dieser verbindet moderne bindungstheoretische Ansätze mit Ansätzen aus der humanistischen Psychologie. Außerdem habe ich wichtige zusätzliche Strömungen integriert, die teilweise außerhalb der Schulpsychologie anzusiedeln sind und bisher eher im englischsprachigen Bereich beheimatet sind. Hier geht es vor allem um die Mann-Frau-Polarität eines Paares sowie um sogenannte »toxische« Beziehungen. Gerade letzterer Typ von Verbindung bringt meiner Meinung nach offenbar Licht ins Dunkel vieler beziehungsverzweifelter Menschen.

Seit nun vier Jahren betreibe ich auch einen Youtube-Kanal rund um die Themen Beziehung, Dating und Liebe. Lange schon gehe ich damit schwanger, all das Gelernte in einem ganz pragmatischen Buch rund um Beziehungen zusammenzufassen, quasi vom ersten Date bis zum Liebeskummer. Dies soll helfen, die Beziehungen in diesem neuen spannenden Jahrhundert ein bisschen glücklicher gestalten zu können. Und Beziehungen sind heute wichtiger denn je, für manche sind sie geradezu die neue »Religion«. Wir wollen Beziehungen verändern, raus aus der Abhängigkeit, rein in echte Nähe bei gleichzeitiger Autonomie.

Dieses Buch hältst du nun in Händen. Es wird vielleicht bei dem einen oder anderen Fragezeichen hervorrufen, weil ich deutlich Stellung beziehe. Aber ich denke, das ist die beste Art, meine Botschaft weiterzugeben:

In diesem Buch findest du ein erfahrungserprobtes Wissen über Beziehungen, das dir ermöglicht, das richtige Match, also einen wirklich zu dir passenden Partner zu finden, und diese Beziehung so lebendig zu gestalten, dass du dich optimal weiterentwickeln kannst.

Und du findest Übungen, wie du diesen Liebescode, also die in dir seit frühester Kindheit eingeprägten Beziehungs-Muster, erkennen und bearbeiten kannst. Fortsetzen kannst du deinen Prozess mit den Kursen auf WWW.LIEBESCHIP.DE.

Rezepte stimmen meistens

In den vielen Jahren, in denen ich Paartherapeut bin, sind mir zahlreiche Zusammenhänge aufgefallen, die für praktisch 99 % aller Paare gelten. Natürlich kann es mal Einzelfälle geben, bei denen sie nicht passen. Wenn du also ein Gegenbeispiel hast: prima! Dieses wie ein Rezeptbuch geschriebene Werk wäre nicht gut lesbar, wenn ich immer wieder anmerken würde, dass es SELTEN auch mal anders sein kann!

Freundschaften

Vielleicht fragst du dich, ob die Aussagen in diesem Buch eigentlich nur für Liebesbeziehungen gelten? Sicherlich geht es hier viel um die spezifischen Themen in sexuellen Beziehungen, in ihnen toben sich auch die Bindungsmuster am meisten aus.

Es kann sein, dass man die Probleme von Paarbeziehungen in Freundschaften nicht hat. Oft wird es aber so sein, dass sich hier genauso bestimmte Einstellungen und Erwartungen zeigen. Wenn man – nur um ein Beispiel zu nennen – zu uneigennützig in Beziehungen ist, lässt man sich vielleicht auch in Freundschaften ausnutzen. Wenn man sich in der Liebe nicht binden will, wird das gleichermaßen häufig bei Freundschaften ein Thema sein. Ich würde in jedem Fall empfehlen, mal zu überprüfen, ob die Erkenntnisse dieses Buches nicht auch in anderen Lebensbereichen passen.

Homosexuelle Beziehungen

Ich muss vorweg sagen, dass dieses Buch – auch schon um besser lesbar zu sein – aus Sicht von heterosexuellen Beziehungen geschrieben ist. In aller Regel habe ich diese Paare beraten, teilweise auch lesbische Paare, aber nur wenige schwule. Aus Mails von diesen Paaren weiß ich aber, dass die Themen ganz ähnliche sind. Die Bindungsstile und deren Auswirkungen sind sowieso universell. Ich würde sagen, dass 95 % dieses Buches auch auf homosexuelle Paare zutreffen.

Männer und Frauen sind unterschiedlich

Für Freunde der Gender-Literatur ist dieses Buch sicherlich keine Freude. Das will ich ebenfalls vorwegnehmen: Meine Erfahrung ist es ganz einfach nicht, dass Rollenverhalten nur erlernt ist und es keine Rolle spielt, ob ein Mann sich wie eine Frau benimmt oder umgekehrt. Aus dem Gleichmachen von Frauen und Männern in Beziehungen entstehen eine Vielzahl von Problemen. Dies haben mir quasi alle Paare bestätigt, die in bald 20 Jahren bei mir waren. Natürlich dürfen wir uns alle außerhalb des Mainstreams verhalten, nur dann brauchen wir auch den passenden Partner dazu, der die Spannung in einer Beziehung (die Polarität) herstellt. Ein Großteil unserer Verhaltensweisen hat sich genetisch über Jahrtausende entwickelt und das ist völlig in Ordnung so. Nur wenn man dagegen anrennt, wird es ziemlich schwierig.

Damit soll nicht gesagt sein, dass jedes männliche oder weibliche Verhalten grundsätzlich in Ordnung ist und man an sich nicht in manchen Punkten arbeiten muss. Doch dazu später mehr.

Wie du das Buch liest

Was die Schreibweise betrifft, habe ich mich entschlossen, mal die weibliche und mal die männliche Form bei Beschreibungen zu benutzen. Das ist keine Festlegung der Geschlechter. Wenn ich von »DER Bindungsängstlichen« schreibe, sollst du dir das Gleiche auch mit »DEM Bindungsängstlichen« vorstellen.

Du kannst das Buch einfach durchlesen, aber du kannst es auch wie ein Rezeptbuch benutzen. Dann studiere einfach den Bereich, der dich gerade betrifft. Insgesamt hängt aber alles zusammen. Du hast nicht NUR Liebeskummer, vielleicht war es zugleich eine toxische Beziehung. So hangelst du dich von Information zu Information.

Das Ziel des Buches ist es, wichtige Informationen über Beziehung *ganz komprimiert* zu vermitteln. Aus fast jedem Kapitel könnte man ein eigenes Buch machen. Hier soll wirklich die Essenz meiner Erfahrungen an dich, meine liebe Leserin und mein lieber Leser, vermittelt werden.

1 Grundlagen von Bindung

Wir Menschen sind Bindungstiere. Bindung zieht sich durch unser ganzes Leben. Wie wir zu anderen stehen, wie integriert wir sind, ob wir unglücklich oder glücklich in Kontakten sind – das ist ein Hauptthema unseres ganzen Seins.

Das hat natürlich vor allem biologische Gründe. Der Mensch ist ein Herdentier. Von der Sippe getrennt zu sein bedeutete früher schlichtweg Lebensgefahr. Zudem ist der menschliche Säugling im Gegensatz zu unseren Tieren praktisch zu nichts fähig. Ohne Bindung würde er quasi sofort sterben. Deshalb hat die Natur es so eingerichtet, dass Bindung früh greift (z. B. mittels Lächeln des Säuglings).

Wenn bei der Eltern-Kind-Bindung oder der Bindung zu anderen Bezugspersonen (auch Geschwistern) etwas schiefläuft (und wo tut es das nicht), bildet das ein Muster von Schmerz und Frust, auf das wir auch in Erwachsenen-Beziehungen immer wieder zurückfallen. Dies geschieht meistens unbewusst.

Was wir in der Schwangerschaft und Kindheit erleben, schafft ein ziemlich hartnäckiges Geflecht von Vorstellungen und Erwartungen an alle Arten von Beziehungen, insbesondere an Liebesbeziehungen. Man kann sich das tatsächlich wie eine Art Prägestempel vorstellen – was nicht heißt, dass sich diese Prägung nicht ändern lässt. Diese Prägung nenne ich im Verlauf des Buches übrigens Liebescode oder »Liebeschip«, ein Begriff, der sich auf meinem YouTube-Kanal herausgebildet hat.

Schon Mitte des vorherigen Jahrhunderts erforschten die Psychologen Bowlby und Ainsworth die frühe Mutter-Kind-Situation. Die sogenannte »Bindungstheorie« ist einer der am besten untersuchten Bereiche in der ganzen Psychologie.

Die Fremde-Situation

In dieser Situation interagiert das Kind mit der Mutter in Gegenwart eines Fremden bzw. ist dabei auch für 3 Minuten ganz allein. Ainsworth konnte zunächst drei verschiedene Verhaltensstile (= Bindungsstile) des Kindes beobachten, später kam noch ein vierter hinzu:

Sichere Bindung

Das Kind nutzt die Mutter als Basis und erforscht von dort die Umwelt. Nach einer Trennung wendet es sich der Mutter zu und kann leicht beruhigt werden. Danach erkundet es weiter die Umwelt.
Im deutschsprachigen Raum verhalten sich etwas weniger als 50 % der Kinder in dieser Weise.

Unsicher-vermeidende Bindung

Das Kind zeigt vor allem Explorationsverhalten mit seinem Spielzeug und ist wenig mit der Mutter beschäftigt. Es reagiert kaum darauf, ob die Mutter den Raum betritt oder verlässt. Es wendet sich teilweise sogar bevorzugt der fremden Person zu.

Das Bindungssystem ist insgesamt unteraktiviert, das Stresshormon Kortisol ist vermehrt vorhanden. Dieses Bindungssystem gibt es bei knapp einem Drittel der Kinder.

Unsicher-ängstliche Bindung

Das Kind ist sehr auf die Mutter fokussiert und reagiert ziemlich gestresst auf eine Trennung. Wenn die Mutter zurückkommt, lässt es sich kaum beruhigen. Es reagiert ärgerlich-protestierend oder passiv-traurig.

Das Bindungssystem ist insgesamt überaktiviert, das Stresshormon Kortisol ist vermehrt vorhanden. Dieses Bindungssystem gibt es zu ca. 7 %.

Desorganisierte Bindung

Das Kind zeigt kein einheitliches Bindungsverhalten. Es wirkt wie eingefroren und gelähmt. Es möchte sich teilweise der Mutter zuwenden, hat aber gleichzeitig Angst vor ihr. Es weiß offenbar nicht, was es tun soll. Diese Kinder haben zum Beispiel Misshandlung oder starke Vernachlässigung erfahren. Das Bindungssystem wechselt zwischen verschiedenen Aktivierungsstufen. Der Kortisol-Spiegel ist dauerhaft erhöht. Dieses Bindungsverhalten zeigen etwas weniger als ein Fünftel der Kinder.

Wie stabil sind nun diese Muster und wie sieht das Ganze in der erwachsenen Liebe aus? Die gute Nachricht lautet auf jeden Fall, dass diese Muster nicht in Stein gemeißelt sind. Je nachdem, was für weitere Erfahrungen wir machen und wie wir an uns arbeiten, können sich die Bindungserwartungen verändern. Was man im weiteren Leben erfahren hat, wird schließlich mindestens genauso wichtig wie die Kindheit.

Als Erwachsene zeigen wir ebenfalls vier Bindungsmuster:

Sichere Bindung

Sicher gebundene Erwachsene können sich recht leicht auf andere Menschen einlassen. Sie sind eher loyal, kommunizieren angemessen ihre Bedürfnisse und haben kein Problem mit Beziehungen. Sie können aber auch gut alleine sein. Oft brauchen sie nicht lange, jemanden zu finden, da sie nicht den »perfekten« Partner suchen.

Der Literatur nach sollen ca. 50 % im Erwachsenenalter sicher gebunden sein ... Ich kann das persönlich immer schwer glauben, wenn man sieht, wie viele oft verzweifelt einen geeigneten Partner suchen.

Im Dating-Markt über 40 Jahre oder auch schon darunter sind definitiv viel, viel weniger »Sichere«. Das ist ein statistisches Phänomen, weil die »Sicheren« natürlich öfter in Langzeitbeziehungen leben und kürzer jemanden suchen.

Unsicher-besorgte Bindung

Dies sind die klassischen »Verlustängstler«. Beziehung ist ein extrem wichtiger Anteil in ihrem Leben, Trennungen und längere Single-Zeiten werden möglichst vermieden. Es herrscht ein großer Wunsch danach, die Sicherheit der Beziehung immer wieder bestätigt zu bekommen. Das führt zu dem Phänomen des »over-sharing«, also einem überhöhten Wunsch nach Bestätigung und Beziehungsgesprächen. Verlustangst ist auch ein großer Antreiber für Sex.

Trotz des Wunsches nach vielen Gesprächen neigen Menschen in diesem Bindungsstil dazu, ihre eigenen Bedürfnisse entweder gar nicht selber zu kennen oder sie nicht einzufordern. Die Grundhaltung lautet: »Du bist okay mit deinen Anliegen, ich bin aber nicht so okay.«

Je unsicherer wir uns einer Beziehung sind, umso eher entsteht der Wunsch, sie durch Sex zu »sichern«. Der »Verlustängstler« gibt oft sehr viel, aber er kann durchaus ein unbewusstes Konto führen und erwarten, dass er auch etwas zurückbekommt. Wenn das nicht passiert, kann er in plötzliche (Protest-)Wut verfallen. Es ist der Tropfen, der das Fass zum Überlaufen bringt. Für den anderen Partner kommen diese Ausbrüche unerwartet, weil er das Minus auf dem Konto nicht kennt.

Der Liebeskummer nach Trennungen kann bei diesen Menschen gegebenenfalls sehr extrem ausfallen und zu obsessivem Gedankenkreisen führen, wie und ob man sich hätte anders verhalten können bzw. warum sich der Partner so und nicht anders verhalten hat.

Wenn das Bindungsmuster stark aktiviert ist, kommt es unter Umständen zu sehr abhängigen Verhaltensweisen. Destruktive Beziehungen können dann kaum noch verlassen werden. Auch kann es zu Stalking kommen und es gibt verzweifelte Anstrengungen, den Partner zu kontrollieren. Auch wird mit Hilfe manipulativer Verhaltensweisen versucht, Kontakt oder Nähe aufrechtzuerhalten.

Im Grundsatz ist man bei diesem Muster aber eher über-empathisch, über-tolerant, über-verständnisvoll. Außerdem kann ein mehr oder weniger ausgeprägtes Helfersyndrom vorhanden sein.

Die Ursache dieser Ausprägung sind oft Bezugspersonen, die mal verfügbar sind, aber auch oft nicht (typisches Beispiel ist ein suchtkranker Elternteil). Außerdem führt Vernachlässigung zu diesem Muster. Viele haben in der Kindheit gelernt, sich nicht gut genug zu fühlen, um geliebt zu werden. Außerdem haben sie gelernt, dass sie sich irgendwie anpassen oder verstellen müssen, um überhaupt etwas zu bekommen. Das wiederum macht sie oft »zu nett«.

Beim Dating und in Anbahnungsphasen einer Beziehung neigen Menschen mit diesem Stil im Extremfall zu »Love-bombing« und »Fast-forwarding«. Ich habe die englischen Begriffe einmal beibehalten, weil sie so schön griffig sind. *Love-bombing* ist das extreme Ausdrücken von Zuneigung (»ich liebe dich« in Hunderten von SMS am Tag, Geschenke, Gedichte usw.) zu einem Zeitpunkt, an dem man den anderen eigentlich noch gar nicht kennt. *Fast-forwarding* ist das sehr schnelle Durchlaufen von Beziehungsmeilensteinen (schnell küssen, schnell zum Sex, sofort zusammenziehen, schnell verloben / heiraten usw.). Wenn alles passt, kann das natürlich schön sein. Schnelles Tempo überdeckt aber häufig, was nicht passt.

Unsicher-vermeidende Bindung

Ein Erwachsener mit diesem Stil scheint so zu handeln, als ob er oft gar keine richtige Beziehung will. Das ist aber eine Schein-Autonomie. Der Wunsch nach Bindung und Beziehung wird abgespalten, weil man als Kind gelernt hat, dass eh nichts zu erwarten ist.
Dieses Muster entsteht bei Grenzüberschreitungen in der Kindheit oder massiver Vernachlässigung.

Grenzübertritte können dabei alle Formen von Missbrauch (auch verbal / emotional) sein; oder auch, dass man für andere da sein musste / nicht Kind sein durfte (Partnerersatz, kranker Elternteil etc.). Insofern besteht teilweise eine (unterdrückte) panische Angst vor zu viel Nähe. Das Bindungssystem wird deaktiviert.

Menschen mit diesem Bindungs-Muster sind entweder die meiste Zeit Single oder in immer wieder neuen »Anbahnungen« oder sie führen sehr »dünne«, distanzierte Beziehungen. In den ersten 3 Monaten eines Kontaktes können sie interessanterweise auch zu Love-bombing und Fast-forwarding greifen, da die Bindungsangst da noch nicht greift und sie sich eigentlich auch oft tief drinnen einlassen wollen. Richtig ausgeprägt wird die Angst vor Nähe offenbar ab der 100-Tage-Marke, spätestens ab der 200-Tage-Marke, also nach 6–7 Monaten. Es zeigt sich dann eine Vielzahl von distanzierenden Strategien.

Es wird Commitment (Beziehung) vermieden: Bestimmte Meilensteine (zum Beispiel Kennenlernen der Familie) werden vermieden, gemeinsame Fotos werden nicht aufgehängt oder der Kontakt darf gar nicht Beziehung genannt werden. Beziehungsgespräche werden als »anstrengend« abgetan und es wird die berühmte »Leichtigkeit« eingefordert. Sehr dominant ist häufig auch Kritik. Damit kann sehr elegant Distanz hergestellt werden bzw. können Gründe gefunden werden, warum bestimmte Nähe oder Ziele nicht erreicht werden. Oft nimmt man auch eine gewisse Kühle wahr, die sich bis zur Empathielosigkeit / mangelndem Mitgefühl steigern kann. Insgesamt kommt dieser Stil oft sehr selbstbewusst daher, aber manchmal auch abschätzig und etwas verächtlich.

Auch neigen »Bindungsängstler« zur sog. Triangulierung, d. h. hier gibt es vor allem den »Phantom-Ex«: Der Kontakt zu einem Ex-Partner (insbesondere wenn man weitere Verbindungen wie zum Beispiel Kinder mit ihm hatte) wird nicht richtig abgebrochen bzw. auf das richtige Gleis gebracht. Oder es wird über den Ex-Partner phantasiert, wie sehr man ihn geliebt hat. Auch das schafft wieder Distanz.

Bezüglich Sex kommen verschiedene Ausprägungen vor. Wenn man schon zusammen wohnt oder ansonsten nicht viel Nähe da ist, kann der Sex unerwartet und früh völlig zum Erliegen kommen. Manche »Bindungsängstler« suchen aber nur Sex und Aufmerksamkeit (das nenne ich gerne die »Nebenleistungen von Beziehung«) und vermeiden jede andere Art von Nähe. Es kann sein, dass sexuelle Praktiken bevorzugt werden, bei denen man sich nicht anschauen »muss«. Wenn es Nähe nur beim Sex gibt, stimmt auf jeden Fall etwas nicht.

Im Extremfall können Bindungsvermeider auch Narzissten sein bzw. deutlich narzisstische Züge tragen (dazu später mehr). Das muss aber nicht so sein. Wenn es so ist, kommen häufig noch weitere manipulative Strategien hinzu, wie zum Beispiel Love-bombing, Luftschlösser bauen oder Schuldumkehr. Mehr dazu findest du im Kapitel Umprogrammierung des Liebeschips (S. 203) bzw. in meinem YouTube-Kurs.

Vermeidend-ängstliche Bindung

Das ist quasi das Äquivalent zur desorganisierten Bindung der Kindheit. Ganz einfach gesagt, haben diese Menschen sowohl Bindungsangst als auch Verlustangst, was für das Gegenüber sehr verwirrend sein kann. Sie sehnen sich sehr nach Beziehung und fürchten zugleich, in der Nähe dann aber wieder verletzt zu werden. Dies führt zu einem ausgeprägten Komm-her-geh-weg-Verhalten. Es fehlt ihnen aber das pseudo-selbstbewusste Auftreten des vermeidenden Stils. Im Englischen nennt man dieses Muster nach der Pionierin Susan Peabody auch »seductive withholder«, also frei übersetzt »unerreichbare Verführer«. Dieser Stil findet sich oft bei emotional-instabilen (Borderline-)Charakteren. Er kann mit seinen Wechseln von Verwundbarkeit / Nähe und Kühle / Reserviertheit einen Partner regelrecht süchtig machen.

Bindungsangst ist übrigens viel unbewusster als Verlustangst. Du wirst selten Menschen treffen, die das von sich sagen. Meist hört man lediglich: »Es klappt halt nicht so in der Liebe, ich finde nicht den Richtigen.«

Diese Bindungsmuster sind erstmal nichts »Krankes«. Wenn aber extreme Ausprägungen von Bindungs- und Verlustsangst auftreten, werden Beziehungen leicht »toxisch«. Das heißt, sie sind vielleicht intensiv wie eine Achterbahn, aber tun einem definitiv nicht gut. Außerdem können bei unsicheren Bindungsmustern eher Fremdgehen und Illoyalitäten auftauchen (zum Beispiel Fremdflirten, während man dabei ist). Es kommt auch vor, dass man während der Arbeit an sich selbst diese Muster etwas wechselt. Ein sich erholender »Verlustängstler« kann durchaus auch seine vermeidenden Tendenzen entdecken und erstmal in Richtung »ängstlich-vermeidend« gehen usw.

Vielleicht denkst du jetzt, okay, ich habe tendenziell dieses oder jenes Muster, aber manchmal war ich auch ganz anders. Meine Antwort: Ja, das war bestimmt so. Ich bin überzeugt, dass jeder von uns die Fähigkeit hat, in jedes Muster einzusteigen. Das hängt eben nicht nur von uns selbst ab, sondern auch von der Beziehungsdynamik mit einem jeweiligen Partner.

Daher gilt auch: Es ist alles relativ. Selbst wenn ich jemand bin, der relativ verlustängstlich ist: Ich werde definitiv selber bindungsvermeidend agieren mit jemandem, der noch viel verlustängstlicher ist als ich und mich versucht einzusperren. Nicht ohne Grund gibt es ein Sprichwort: Wie heile ich einen »Bindungsängstler«? – Indem ich ihn jemanden vorsetze, der noch distanzierter lebt.

Spielarten der Muster

Wie man sich nun leicht vorstellen kann, passt nicht jedes Muster gleich gut zu einem anderen Muster.

Interessanterweise finden sich viele »Bindungsängstler« und »Verlustängstler« (ich bezeichne beide in diesem Buch auch gerne als »Minus-« und »Plus-Pol«) zusammen bzw. tauchen in eine entsprechende Beziehungsdynamik ein. Diese Paare machen einen Großteil der Paare in der Paartherapie aus, da eine solche Verbindung zwar stabil, aber nicht immer glücklich ist. Man könnte das »Gegensätze ziehen sich an« nennen. Gleichzeitig bestätigt jeder der Partner die Befürchtungen des anderen (beim »Verlustängstler« die Angst vor zu viel Distanz, beim »Bindungsängstler« vor zu viel »gebraucht werden«).

Die Forschung sagt, dass man am besten dran ist mit einem sicheren Bindungspartner.

- Ein Match, d.h. eine Verbindung von »Sicher« plus »Unsicher-besorgt« gilt auch als gut, da der sichere Partner den anderen stabilisiert.

- Zwei »Sichere« kommen natürlich am besten klar.
- Partner mit vermeidenden Bindungsstilen daten sich in der Regel nicht, da auf die Dauer der Drive im Kontakt fehlt. Wenn, dann sind es sehr dünne, distanzierte Beziehungen.
- Ein Match mit zwei »Verlustängstlern« gilt als besonders ungünstig und ist eher explosiv als beständig. Beide engen sich ein und es gibt häufig Streitereien.

Wenn ein »Bindungsängstler« einen »sicheren« Partner datet, sind die Chancen auf eine gute Beziehung 50 : 50. Entweder der Vermeider taut langsam auf oder der Sichere wird langsam zum Verlustängstler.

Wie fühlt sich nun eine sichere Bindung an? Man sagt, ein Haustier ist ein gutes Beispiel dafür, nehmen wir mal einen Hund. Hat man bei einem Hund Verlustangst? Nein, er wird einen in der Regel immer gleich lieben, egal was man am Tag vorher gemacht hat. Hat man bei einem Hund Bindungsangst? Nein – und das, obwohl er einen ständig braucht. Der Hund wird dich nicht einengen, kontrollieren, unter Druck setzen. Du kannst vollkommen DU selbst sein und trotzdem in Beziehung – und dich zugleich um dein Beziehungsobjekt kümmern, ohne Drama.

Man kann andererseits einmal überlegen, was das Gute an schwierigen Beziehungen ist. Und überhaupt an Menschen, die unsere »Knöpfe drücken«. Jeder Partner ist auch ein Hinweis darauf, wo wir noch an uns arbeiten dürfen. Wir sind *alle* hier, um zu lernen.

Geber versus Nehmer

Es gehört leider zu menschlichen Beziehungen, dass eigentlich immer einer *etwas mehr will* als der andere. Sehr offensichtlich ist dies häufig beim Thema Sex, aber es kann auch jeden anderen wichtigen Bereich einer Beziehung betreffen. Das eherne Gesetz der Kommunikation besagt: Wer weniger will, hat die Macht und kontrolliert den Bereich. Wer zum Beispiel weniger Sex will, kontrolliert diese Abteilung. Warum?

Weil derjenige, der mehr will, den anderen schlecht »zwingen« kann zu mehr Sex. Derjenige, der weniger Sex will, wird seine Interessen aber viel besser »durchsetzen« können. Wenn er nicht will, will er halt nicht; wenn er Sex will, steht der andere bereit.

Diese Dynamik ist an sich erstmal ganz normal und erfordert in der Regel »einfach« gute Kommunikation. Außerdem erfordert sie, dass sich beide über ihre Rolle in diesem System und ihre Gesamtverantwortung für das Ganze bewusst sind. Wer mehr Sex will, muss vielleicht mal überdenken, ob es immer sein »muss«, der andere darf dann überlegen, ob er nicht zu wenig investiert.

Soweit ist das alles fein (wenn auch sogar in guten Beziehungen keineswegs einfach).

Schwierig wird es allerdings dann, wenn Geben und Nehmen durch – zum Beispiel – bestimmte Charakterzüge (vor allem bei Co-Abhängigkeit und Narzissmus) völlig auseinanderfallen.

Im Extremfall gibt es hier einen Partner, der alles und alle nach seinen Regeln spielen lässt (oft mit mehreren Personen gleichzeitig), aber gleichzeitig etwas anderes vorgibt (zum Beispiel, sehr bescheiden zu sein). Und einen abhängigen Partner auf der anderen Seite, der alles mitmacht und eigentlich immer weniger bekommt (die sogenannte »Krümel-Beziehung«). Dazu später mehr. Wichtig ist hier zu wissen, dass sich Nehmer und Geber magisch anziehen und einen erstmal wunderbaren Tango tanzen. Der Geber gibt, rettet und schenkt Bestätigung, der Nehmer saugt das wie ein Schwamm (eigentlich mehr ein Sieb) auf. Nach einer Zeit sind aber beide frustriert vom anderen. Der Nehmer denkt: »Wieso bekomme ich hier eigentlich so wenig?« Der Geber denkt: »Warum macht sich mein Freund so klein?« Der bekannte Paartherapeut Jürg Willi nannte das die *narzisstische Kollusion*.

Der amerikanische Psychologe Ross Rosenberg hat dieses Konzept weiter ausgearbeitet und nennt es *das Gesetz der magnetischen Anziehung*. Je mehr ich ein Geber, Retter, Akzeptierer, Empath ohne Grenzen bin, umso mehr ziehe ich Menschen an, die rücksichtslos nehmen, benutzen, manipulieren und sehr unsympathisch bis kalt agieren. Also eigentlich das, was ich gerade nicht will (aber aufgrund der eigenen Biografie wahrscheinlich gut kenne). Auf der anderen Seite brauchen Narzissten oder extreme »Bindungsängstler« diese Super-Versteher – wer würde sie sonst aushalten?

Diese Anziehung ist übrigens sehr wörtlich gemeint. Solange du noch (unbewusst) an deinem Muster festhältst, findest du blind überall dein Gegenstück. Selbst wenn sich dieses Gegenstück ganz anders präsentiert.

Wenn du an deinen Mustern arbeiten willst, schau doch auch mal in meine Kurse auf WWW.LIEBESCHIP.DE, insbesondere die Kurse »Umprogrammierung des Liebeschips« und »Bindungsangst & Co-Abhängigkeit«.

2 Single, Mingle und was es noch so gibt

Grundsätzlich finde ich: Jeder soll glücklich werden, so wie er will! Lebe dein Leben! Genieß es! Und lass alle Kopfregeln fallen. Nur weil man vielleicht nicht in Ehen lebt, die Jahrzehnte überdauern, heißt das nicht, dass du nicht sehr glücklich sein kannst! Vielleicht brauchst du mal eine Zeit, mit jedem zu schlafen, der nicht bei drei auf dem Baum ist. Tu es! Bis du es leid bist und der nächste Wunsch kommt. In diesem Kapitel geht es daher um verschiedene Lebenswege.

Single

Es ist nichts falsch daran, *Single* zu sein. Auch nicht, wenn das über Jahre geht. Ich würde dann nur vorschlagen, mal zu schauen, ob du nicht doch ein bindungsvermeidendes Muster hast. Aber nur, wenn du darunter leidest. Wenn du es einfach genießen kannst, ist eh alles gut. Wenn du aber dieses Buch liest, bist du vielleicht nicht so zufrieden mit deinem Status. Da hilft nur eines: raus ins Leben! Geh unter Leute, sprich Freunde an, mach Online-Dating, mach deine »Perfekter-Partner-Liste«. Vielleicht hast du einfach hohe Ansprüche (insbesondere nachdem du an dir gearbeitet hast) und musst zunächst die berühmten 400 Menschen treffen (man sagt manchmal, einer von 400 ist der Richtige. Das ergibt sich daraus, dass man etwa jeden 20. Menschen richtig gut findet und dass das auf der anderen Seite auch so ist: 20 x 20 = 400).

Aber Übung macht den Meister, und jeder noch so flüchtige Kontakt bringt dich weiter. Analysiere mit Hilfe dieses Buches, was vielleicht schiefgegangen ist, weine etwas in dein Kissen – und ab zum Nächsten.

Wenn du eher ein Verlustangst-Muster hast, aus einer langen Beziehung kommst oder alles nur wie in einem Horrorfilm abgelaufen ist, ist ein halbes Jahr einfach Single-sein oft super, um wieder sicheren Boden zu gewinnen …, zu merken, dass du erst einmal allein glücklich werden musst, um dann wieder durchzustarten. Wenn du deine eigene Gesellschaft nicht magst, wird das vielleicht auch anderen so mit dir gehen.

Es kann auch sein, dass du gerne wieder eine Beziehung willst, aber das Universum dir immer wieder Menschen schickt, die deine eigenen Standards nicht erfüllen. Sieh das als Test und bleib geduldig. Nur wenn wirklich keiner gut genug für dich ist, dann solltest du eventuell deine Standards überdenken.

Affäre

Wenn keiner in einer festen Beziehung lebt, ist eine *Affäre* natürlich eine schöne Sache, und vor allem ein häufiger Start in eine Beziehung.

Wovon ich persönlich überhaupt nichts halte, sind geheime Dreiecks-Affären, also das klassische »Verhältnis« neben einer laufenden Ehe. Wenn irgendetwas Beziehungen zerstört, dann ist es Heimlichkeit. Aber gerade diese Heimlichkeit oder das Verbotene laden die Affäre auf. Du solltest vorher immer überlegen, ob du selbst im Leben der Teil einer Affäre sein willst, der davon nichts weiß. Meistens erhält man das nämlich irgendwann zurück, was man aussät.

Dazu kommt, dass Dreiecks-Affären ein ganz häufiger Nährboden für Liebessucht sind, weil vieles in der Phantasie ausgelebt wird. Es wird vielleicht versprochen: »Bald sage ich es meiner Frau …«, aber das tritt dann nie ein, und man lässt sich nur benutzen. Selbst wenn der gebundene Partner unter diesen Umständen versucht, durch eine Trennung die Affäre zur offiziellen Beziehung werden zu lassen, scheitert diese dann häufig gleich mit. Das liegt daran, dass plötzlich der Alltag dazukommt mit all seinen Themen – und folglich die Phantasiewelt zerbricht.

Mingle

Mingle ist eine echt coole Neuschöpfung aus »Mixed« und »Single«. Mingle heißt, man behält den Single-Status, ist aber in einer Beziehung, die etwas mehr ist als eine reine Affäre. Diese Bindung hat eine Nähe zu dem Konzept »Freundschaft-Plus« (s. u.). In der aktuellen Generation der 20 – 30-Jährigen ist diese Form besonders auf dem Vormarsch, teilweise auch in der Dating-Szene jenseits der 40.

Sie wird oft als Untergang des Abendlandes verschrien: »Generation bindungsunfähig«. Ich halte das – salopp gesagt – für kompletten Quatsch. Meiner Ansicht nach ist das auch ein Zeichen davon, dass man höhere Standards hat (was gut ist) und dass Freiheit immer mehr geschätzt wird (was besonders gut ist). Oft ist Mingle ein Synonym dafür, dass man den anderen einfach nicht genug liebt, um eine exklusive Beziehung mit ihm haben zu wollen. Ansonsten gilt: Alles ist gut, was glücklich macht. Dies ist der beste Kompass, solange wir nicht erleuchtet sind.

ABER: Prüfe für dich, ob es WIRKLICH zu deinem Besten ist, sexuelle Beziehungen zu Menschen zu haben, die du nicht wirklich liebst. Manchmal hält man sich auch damit auf und ist nicht ganz offen für das, was man wirklich will.

Freundschaft-Plus

Dieses Konzept erfreut sich auch einer gewissen Beliebtheit, wobei viele gar nicht schauen, ob es neben dem Plus die »Freundschaft« eigentlich gibt. Man kann hierzu anmerken: Wenn keiner von beiden verliebt ist und / oder eine Beziehung will, funktioniert es. Auch wenn es ein Start-Übergang in eine Beziehung ist.

Ansonsten (und das ist oft der Fall) zahlt einer drauf – sobald nämlich jemand hofft, dass sich aus einer längeren Phase von Freundschaft-Plus mehr entwickelt.

Nie (nie!) solltest du dieses Konzept akzeptieren, wenn du vorher in einer Beziehung mit Commitment gewesen bist. Das tut nur weh ...

Die »Friendzone«

Mit *Friendzone* ist die unangenehme Situation gemeint, dass du jemanden datest oder daten willst und bekommst dann zu hören: »Lass uns einfach Freunde bleiben.« In der Regel betrifft das Männer, aber es kann auch gut Frauen passieren.

Wenn du tatsächlich lange vorher schon befreundet warst (was wohl die Ausnahme sein sollte), existiert ja eine Freundschaft, die einfach fortgesetzt werden kann. Meist tritt diese Aussage aber auf, wenn du eine Zeit gedatet hast oder planst jemanden zu daten, mit dem du noch nicht befreundet bist.

Wenn die Friendzone in einem Dating-Prozess auftaucht, ist der andere Partner von Anfang an entweder nicht interessiert genug, hat jemand anderen oder du hast ihn vorher durch zu abhängiges Verhalten abgetörnt. Dieser Satz kann dann schlicht die verschleierte Form einer Absage sein. Es ist aber auch möglich, dass sagen wir mal, eine Frau wirklich gerne mit einem Mann befreundet sein möchte. Ich kann davon nur abraten, wenn du noch irgendetwas empfindest oder noch ein romantisches Interesse hast. Sonst darfst du dir bald anhören, wie die Freundin mit anderen Männern schläft, während du selbst die Waschmaschine für sie die Treppen heraufträgst. Ich empfehle, diese Art von Freundschaften abzulehnen, weil es letztlich auch nicht ehrlich ist. Man will ja etwas anderes.

Vielleicht überlegt sich die Freundin in diesem Beispiel das Ganze dann nochmal. Es ist nämlich echt sexy, wenn ein Mann (oder eine Frau auch) für sich einsteht und sich seine / ihre Prinzipien nicht brechen lässt.

Offene Beziehung

Für mich ist die *Offene Beziehung* der Yeti unter den Beziehungen – oft irgendwo gesehen, aber in der Wirklichkeit trifft man ihn recht selten, außer in jüngeren Generationen. Ich habe in fast 20 Jahren Paarberatung nicht EIN Paar gehabt, wo BEIDE eine offene Beziehung führen wollten. Dabei ist das durchaus ein ausbalanciertes Konzept, mit dem man offen und ehrlich umgehen kann. Ich glaube, dass die offene Beziehung einerseits selten ist, weil sie nicht gerade Zeitgeist ist. Noch viel wichtiger ist aber wohl, dass sie nicht funktioniert, wenn es viele Ego-Aspekte (Besitzen wollen etc.) gibt – was bei den meisten von uns der Fall ist. Das führt dann doch zu Eifersucht und Schmerz. Wenn du diese Aspekte wirklich in der Tiefe abgebaut bekommst, kann die offene Beziehung funktionieren. Wenn du aber einen so weit entwickelten Partner hast, stellt sich die Frage, ob du überhaupt noch mit anderen etwas anfangen willst.

Wenn du dieses Konstrukt ausprobieren willst, frag dich bitte zuerst: Willst du das wirklich oder machst du es nur deinem Partner zuliebe? Ist dein Partner vielleicht nicht überzeugt genug von dir, dass er das überhaupt macht? Wenn du es dann weiterhin möchtest, müssen leider auch hier Regeln vereinbart werden – viele offene Beziehungen sind nämlich nicht so offen, dass es keine Grenzen gibt. Diese liegen nur woanders: Sagt ihr euch zum Beispiel, wenn ihr mit jemand anderem schlaft? Und was ist, wenn er sich in jemand anderen verliebt (die Wahrscheinlichkeit wird häufig sehr unterschätzt). Quäl dich auf jeden Fall nicht mit einer Beziehungsform, die dir vielleicht dann doch nur weh tut.

Der stille Pakt

Es gibt stabile Beziehungsformen, die auf einem *Pakt* zu beruhen scheinen. Zum Beispiel eine Ehe, die nur noch dazu dient, Kinder großzuziehen, während zugleich beide stabile Außenbeziehungen haben. Leider ist dieser Pakt häufig nicht offen ausgesprochen, das heißt die

Außenkontakte bleiben geheim. Ich mag darüber nicht urteilen, aber vom Gefühl her würde ich immer sagen, dass auch sogenannte »white lies« auf die Dauer nicht gut sind. Wir bleiben damit unter unserem Potenzial, weil wir verschleiern, wer wir wirklich sind. Auch die Kinder bekommen etwas mit und nehmen etwas anderes wahr – das kann langfristig nicht nur gut sein.

Polyamorie

Bei der *Polyamorie* geht es darum, dass mehr als zwei Menschen sich in irgendeiner Weise lieben und versuchen, dies zu leben. Nur mal als Beispiel (es gibt natürlich endlose Möglichkeiten): Eine asexuelle Frau, die aber gerne in Beziehung sein möchte, könnte eine Dreier-Beziehung führen mit einem Mann und einer weiteren Frau.

Es gibt hier eine sehr aktive Szene und es spricht auch im Prinzip nichts gegen solche Konzepte. Voraussetzung ist, dass jeder der Beteiligten genau weiß, was läuft und eben nichts heimlich geschieht.

Leider wird der Begriff häufig auch von Menschen benutzt (bewusst oder unbewusst), die sich aufgrund ihres vermeidenden Bindungsstils einfach gar nicht committen wollen.

Nicht erwarten solltest du, dass solche Mehrfach-Beziehungen weniger Probleme aufwerfen als konventionelle.

Dreier, Vierer ...

Alles, was du haben willst, kannst du oft erreichen. Wenn du an dir arbeitest. Wenn du ein kompliziertes, seltenes Beziehungsmodell leben willst, tu es doch. Es funktioniert nicht, sich das auszureden. Solange du ehrlich bist und keine No-Go-Areas (= jemand Schwächeren ausnutzt) betrittst, ist alles okay!

Tatsächlich glaube ich allerdings, dass wir in der Tiefe alle das gleiche wollen – in absoluter Freiheit gleichzeitig wissen, wo wir hingehören und wer in unserem »Team« ist.

3 Spiritualität und Beziehung

Wenn man sich lange mit dem Thema Beziehung befasst, kommst du um das Thema Spiritualität kaum herum. Es ist wirklich ein Mysterium, warum man gerade diesen Menschen liebt, obwohl er einem vielleicht nicht guttut, und man jemand Passenderes einfach stehen lässt oder »zu langweilig« findet.

Spiritualität ist hier sehr weit gefasst und umgreift ganz praktische Aspekte. Es ist nicht zu verwechseln mit einem Eheversprechen oder anderen religiösen Ansprüchen. Trotzdem würde ich an dieser Stelle gerne anmerken, dass viele religiöse Regeln durchaus Sinn machen und wahrscheinlich als ganz lebenspraktische Hilfestellungen gemeint waren. Es braucht keine Religion, um zu verstehen, dass Lügen oft nur Stress bedeuten und dich keinen Schritt voranbringen. Es braucht auch keine Religion, um einzusehen, dass ich die Frau meines besten Freundes vielleicht nicht »angraben« sollte. Ja, ich würde sogar sagen, dass in einer langjährigen Beziehung Geburtenkontrolle in die eine oder andere Richtung echt stören kann.

Ich denke aber nicht, dass wir aneinander gekettet sind und uns nicht trennen dürfen. Insbesondere gilt das für unglückliche / toxische Ehen. Ich glaube auch nicht, dass jemand mit vielen Kurzbeziehungen, oberflächlichen Beziehungen oder als Single per se ein schlechteres Leben führt.

Meine spirituelle Sicht auf Beziehungen ist diese: In jeder Beziehung sollen wir etwas lernen. Ich glaube, dass wir sowieso hier sind, um in der *Dualität*, d. h. durch glückbringende und schmerzhafte Erfahrungen Neues zu erkennen. Und um wirklich tief drinnen bestimmte Realitäten zu begreifen, sind manchmal krasse Gegen-Erfahrungen notwendig. In der Dualität lernen heißt, dass wir Liebe erst erkennen können, wenn wir »Nicht-Liebe« erfahren haben. Nicht-Liebe bedeutet hier vor allem, alte Verhaltens- und Einstellungs-Muster und Egozentrik auszuleben. Seine Bindungsangst bemerkt jemand vielleicht erst, wenn sie oder er einmal selbst mit einem »Minus-Pol« zusammengelebt hat. Wie nervig Verlustangst sein kann, lernst du oft erst, wenn du diese Art Partner erfahren bzw. erlitten hast.

In jeder Beziehung kannst du also lernen, egal ob es nur drei Dates waren oder eine lebenslange Ehe ist. Mal sammelst du nur kurz Erfahrungen, mal über einen langen Zeitraum. Um wirklich eine hochwertige Beziehung zu führen, braucht es zwei sehr bewusste Partner. Und um einen solchen Partner haben zu können, musst du oft einiges lernen. Es geht darum, die weißen Flecken auf der eigenen Beziehungslandkarte zu tilgen.

Für manche Lernerfahrungen scheint es regelrechte Crash-Beziehungen zu brauchen. Insbesondere das Erlernen von gesunder Selbstliebe geschieht oft erst nach toxischen Beziehungen, die aus meiner Sicht das genaue Gegenteil von guter Sorge für sich selbst sind.

Vielleicht »verabreden« wir uns sogar vor unserem Leben mit anderen Seelen für bestimmte Erfahrungen, wer weiß das schon. Nur die Idee von »Dualseelen« und »Seelenverwandten« halte ich für ziemlich gefährlich. Nach meiner Einschätzung ist gerade in sehr giftigen Beziehungen von Anfang an ein großes Gefühl von Vertrautheit vorhanden, nie war man sich so sicher, den Richtigen gefunden zu haben. Oft ist das aber das Vorspiel zu einer regelrechten Horror-Beziehung. Wenn wir dann an der Idee festhalten, dieser Partner sei unser Seelenverwandter, öffnen wir Tür und Tor dafür, komplett ausgenutzt zu werden. Falls es in diesem Sinne so etwas wie Dualseelen gibt, dann als Lernpartner oder »Negativ«-Coach, aber nicht in dem Sinne, dass du darauf wartest, dass der andere irgendwann »das Licht sieht«.

An dieser Stelle möchte ich auch ein Wort zum Konzept von »unbedingter Liebe« einflechten. Die wünschen wir uns alle und hatten in unserer Kindheit bestimmt zu wenig. Solange wir aber nicht unsere inneren Eimer selber gefüllt haben und die meisten inneren Wunden durch die Arbeit an uns selbst versorgt sind, ist eine Liebesbeziehung kein guter Ort für unbedingte Liebe. Man kann Gott, das Universum, eine höhere Macht, Kinder, Menschen als Ganzes, Tiere, sein Auto, einen Sport, alles Mögliche unbedingt lieben. Aber in Beziehungen (auch in Freundschaften) sollten wir ein Mindest-Set von Standards haben und auch wissen, was wir selber brauchen und haben wollen. Viele, die meinen, unbedingt zu lieben, erwarten unbewusst doch ein Tauschgeschäft (ich lieb dich ganz doll, und dann liebst du mich auch). Das ist erst einmal aufzudecken, um größeren Enttäuschungen vorzubeugen.

Selbstliebe

Das Thema *Selbstliebe* wird in diesem Buch immer wieder auftauchen. Wie soll man jemand anders lieben, wenn man sich selbst nicht mag? Schon in der Bibel steht: »Liebe deinen Nächsten WIE DICH selbst.« Selbstliebe ist einer DER essenziellen Schlüssel für die eigene Selbstentwicklung. Die spirituelle Idee dahinter ist folgende: Wie auch immer du dich selbst behandelst, wird es dir von der Welt zurückgespiegelt. Wenn du dich ablehnst, nicht gut genug findest, an dir zweifelst, wird das von außen gespiegelt werden (und nicht nur in Beziehungen!!). Wenn du dich selbst wertschätzt, deine Prinzipien nicht aufweichen lässt (was nichts mit Egoismus zu tun hat), dann wird dir auch das von außen entgegenkommen. Selbstliebe umfasst auch die eigenen Macken, das was du an dir nicht gern sehen möchtest.

Du denkst vielleicht jetzt: Ja klar liebe ich mich, warum denn nicht! Aber stimmt das wirklich? Sorgst du für dich, reflektierst du, welche Gedanken du denkst, welche geistige und reale Nahrung du deinem Körper und deiner Seele zukommen lässt, mit welchen Menschen du dich umgibst? Bist du wirklich zu 100 % du selbst und lässt dich nicht verbiegen von der Welt? Bei einer sehr guten Kindheit mit guter Liebe ist viel Selbstliebe als Urvertrauen in uns entstanden. Wenn das nicht passiert ist – und das ist häufig so –, kommt es zu »leeren inneren Eimern«, also Gefühlen von Nicht-akzeptiert-Sein, Nicht-gut-genug-Sein, von innerer Leere.

Was macht man dann oft? Man sucht die Bestätigung von außen, möchte sich durch das Geliebtwerden auffüllen lassen. Das ist aber leider so wie wenn du hungrig einkaufen gehst. Du kaufst das Falsche gegen den schnellen Hunger. Noch dazu ist alles, was von außen kommt, per Definition nicht nachhaltig. Heute bekommst du vielleicht Herzchen von deinem Partner oder likes auf Instagram. Aber was ist morgen?? – Die Eimer sind leer.

Du musst akzeptieren, dass du dich im Erwachsenenalter nur *selbst mit Liebe nachhaltig füllen* kannst. Das bedeutet nicht, dass du auf Bestätigung von außen völlig verzichten sollst. Aber wenn du deine Liebesanteile von zum Beispiel 30 % Selbstliebe und 70 % Außenbestätigung umkehrst, ist das schon ein komplett anderes Leben. Und Selbstliebe macht on top noch attraktiv und sexy.

Man kann auch sagen: Selbstliebe bedeutet mehr in sich als in andere zu investieren (Kinder mal ausgenommen). Wenn du etwa einem nichtverfügbaren Partner immer hinterherläufst, investierst du in ihn und nicht in dich. Da, wo deine Aufmerksamkeit hingeht – der oder das wird wachsen.

Und ja, Selbstliebe ist ein recht sperriges Konstrukt und manchmal schwer zu fassen. (Mehr dazu später, S. 193, und in meinem Kurs »Selbstliebe-Challenge« auf WWW.LIEBESCHIP.DE.)

Grenzen

Man sollte Spiritualität aber nicht dazu verwenden, asoziales Verhalten schönzureden. Ein Grenzübertritt bleibt ein Grenzübertritt, auch wenn man etwas daraus lernen kann.

Auch darf Spiritualität nicht dazu führen, dass man versucht, dem Schmerz auszuweichen. Du darfst frustriert und traurig sein – und solltest nicht noch dich selber fertigmachen im Sinne von: »Oh, offenbar liebe ich mich noch nicht genug, sonst würde alles besser laufen.«

4 Wie finde ich die Richtige / den Richtigen?

Das ist für dich vielleicht eines der wichtigsten Kapitel. Tatsächlich ist das »Matching« als gemeinsame Basis oft viel wichtiger, als du denkst. Ein ungünstiges Match limitiert die Möglichkeiten eines Paares. Natürlich kannst du einiges mit guter Kommunikation etc. verbessern, aber beim falschen Match kann sich das wie Bergauf-Schwimmen anfühlen.

Zunächst empfehle ich, tatsächlich aufzuschreiben, was du suchst. Alleine das programmiert dein Unbewusstes schon in die richtige Richtung. Mach dir eine Liste mit 20–25 Dingen, die du dir bei deinem Wunschpartner erhoffst. Auf dieser Liste kann alles stehen: Aussehen, Größe, Charaktereigenschaften, Ziele, Stand im Leben – was immer du willst. Markiere die fünf wichtigsten Punkte.

Dann mache die gleiche Liste mit Dingen, die du nicht haben willst, und markiere wieder die fünf Hauptpunkte.

Anschließend schreib bitte ganz oben auf deine Positiv-Liste folgende Punkte:

Emotionale Verfügbarkeit

Dieser Punkt ist am wichtigsten, wenn du in irgendeiner Weise immer wieder an Menschen gerätst, die nicht zu haben sind, sich unehrlich oder bindungsvermeidend verhalten. Übersetzt heißt das: *Authentizität* der Partner. Jemand, der völlig authentisch ist, kann einen nicht mit falschen Versprechungen hinters Licht führen.

Flexibilität

Dieser Punkt meint Folgendes: Wie einfach ist jemand zu daten, wie leicht fühlt sich alles an – aber akzeptiert der Partner, dass du mal keine Zeit hast? Nörgelt sie ständig an dir herum? Wie kommt er mit Freunden klar? Und vieles mehr.

Kann gut geben

Kaum zu glauben, aber es gibt Menschen, die sind total verknallt und wollen eine Beziehung, sind aber trotzdem eher »Nehmer« als »Geber«. Das kann auf die Dauer sehr anstrengend sein.

Integrität

Hier geht es einfach darum, wie *verlässlich und loyal* jemand ist. Das fängt an mit dem Einhalten von Dates und Abmachungen und endet bei Treue bzw. der Frage, wie jemand allgemein zu dir steht, auch vor anderen Personen. Auch hier gilt: Es gibt Menschen, die beispielsweise Fremdgeher sind, egal wie gut der Partner gerade passt.

Gleiche deine Liste bitte ehrlich mit Menschen ab, die du triffst. Natürlich kann nicht immer alles passen, und du musst achtgeben, dass du das Auswahltor nicht zu eng machst.

Im Grunde genommen kann man alles auf zwei Kategorien herunterbrechen:

Chemie / Attraktivität

Dies ist das allgemeine Gefühl des Hingezogenseins, des Kribbelns, der Lust auf Körperlichkeit, wozu gehört, den anderen gerne anzuschauen, zu riechen, zu spüren. Dieser Punkt erfährt heutzutage maximale Aufmerksamkeit und ist für viele der einzig wichtige.

- *Chemie ohne Kompatibilität führt aber zu toxischen, unglücklichen On-/Off-Beziehungen.*

Kompatibilität

Hier geht es um Dinge wie gemeinsame Ziele, Werte, Interessen, aber auch die oben genannten Punkte.

- *Kompatibilität ohne Chemie führt zu langweiligen Zweckbeziehungen, aus denen man unter Umständen irgendwann ausbricht.*

Selbst wenn Chemie und Kompatibilität stimmen, bleibt noch der Aspekt der *Machbarkeit.* Jemand kommt vielleicht in Frage, aber das Timing klappt nicht oder er/sie wohnt zu weit weg.

Außerdem solltest du überlegen, ob eure Bindungsstile wirklich zusammenpassen. Das ist am Anfang manchmal echt schwer herauszufinden. Wenn du immer wieder einen bestimmten Typ Frau/Mann anziehst, überleg dir eher, was du an dir ändern kannst, als zu versuchen, diesen Partner zu ändern. Dazu später mehr.

Bei der Beurteilung eines Dates oder auch in einer beginnenden Beziehung schau vor allem auf die Taten, nicht auf die »Verpackung« und die Worte. Wenn eine wunderschöne Frau dir Liebessprüche ins Ohr säuselt, dich aber gleichzeitig auf Distanz hält, niemanden vorstellt, wichtige Tage nicht mit dir verbringen will, sind diese Taten leider die Realität, mit der du auf Dauer konfrontiert bist. Insbesondere beim Online-Dating würde ich eher strenge Grenzen ziehen und nicht lange warten, bis du das Ganze abbrichst (zum Beispiel bei deutlichem Zuspätkommen und Ähnlichem).

Noch ein Tipp für die *Mädels*: Halte dich fern von Männern, die dir sofort das Blaue vom Himmel versprechen, die klebrig sind oder jeden Tag x-Mal schreiben. Ein Tipp für die *Jungs*: Halte dich fern von Frauen, die meinen, sie hätten ein Recht darauf, immer eingeladen zu werden, zu spät zu kommen, zu kritisieren. Außerdem von Frauen, die zu pushy und dominant sind, auch was das Initiieren von Sex, Körperkontakt oder dem nächsten Date angeht (– Angebote, die du ja erst positiv werten könntest).

Mach dir keine Sorgen darüber, dass vielleicht viele nicht passen. Es gibt 8 Milliarden Menschen auf der Erde. Da ist alles dabei.

5 Wo lerne ich meinen Partner kennen?

Zunächst ein allgemeiner Hinweis. Du kannst eigentlich nur drei Dinge wirklich falsch machen:

1. Gar nicht vor die Tür gehen. (Der richtige Partner wird nicht klingeln.)
2. Verzweifelt jemanden suchen. (Du solltest nicht unterschätzten, wie verzweifelt du sein kannst.)
3. Nicht wissen, was du suchst. (Das ist ein sehr wichtiger Punkt. Wenn du wie die meisten letztlich eine committete Beziehung suchst, verschwendest du Zeit in Affären, Freundschaften mit jemandem, den du daten willst, Freundschaft Plus, nicht funktionierenden Kurzbeziehungen. Denk nicht, du könntest einfach nach deinen Regeln »nur Sex« haben und es beeinflusst dich nicht!)

Grundsätzlich kannst du logischerweise überall Menschen kennenlernen. Wenn du Mut genug hast, ist auch das berühmte Ansprechen an der Käsetheke eine Möglichkeit, die die entsprechende Zielperson bestimmt so schnell nicht vergessen wird. Nachfolgend bespreche ich einige Bereiche. Aber zuerst ein paar Warnungen.

No-Go-Areas

In meiner Praxis treffe ich immer wieder auf Merksätze wie: »Don't fuck the company«. Man muss einfach sagen: Sie sind alle wahr. Ich weiß gar nicht, wie viele »Fremdgeh«-Paare ich schon zur Beratung hatte, bei denen insbesondere die Männer sich in Situationen gebracht haben, bei denen sie bis zu einem Jahresgehalt aufbringen mussten, um eine

Affäre zu »bereinigen«. Man verliebt sich oft in die Menschen, die man jeden Tag sieht. Das mag noch gehen, falls du Single bist. Als Affäre ist das aber das Rezept für eine sichere Katastrophe. Es ist unerträglich, einem Menschen jeden Tag im Büro gegenüberzusitzen, von dem du maßlos enttäuscht bist. Oder noch schlimmer, von dem du dich »entlieben« musst.

Grundsätzlich vermeiden sollte man Beziehungen quer über die Hierarchie. Für viele Frauen sind z. B. Männer in Führungspositionen besonders attraktiv. Wenn es der eigene Chef ist, hast du unter Umständen gerade schon deine Kündigung unterzeichnet. Auch die berühmte Arzt-Sprechstundenhilfen-Beziehung kann leicht belastend werden. Erst einmal kommst du vielleicht nie auf gefühlte Augenhöhe mit deinem Doktor. Dann wirst du oft feststellen, dass Zusammenarbeiten und Zusammenleben einfach zu viel ist – außerdem findest du dich in einer neuen Arbeitsrolle wieder, in der du zu keiner »Abteilung« richtig gehörst.

Ich kann auch nur raten, die Finger von Menschen zu lassen, die vergeben sind. Vielleicht zerfällt dadurch eine Familie. Und du kannst dir noch so oft sagen, dass sie sowieso zerfallen wäre – es fühlt sich nicht wirklich gut an. Noch viel problematischer ist aber, dass es doch letztlich Ausstiegsbeziehungen bleiben. Eine Affäre, die viel Energie aus der Heimlichkeit und den Schwierigkeiten, sich überhaupt treffen zu können, zieht, bricht oft wie ein Kartenhaus zusammen, wenn sie plötzlich zur Hauptbeziehung wird und im kalten Wind der Öffentlichkeit steht. Besonders hässlich wird es, wenn die Neue schon vorher zum gemeinsamen Freundes-Kreis gehörte. Es gibt da wirklich alles, die beste Freundin, die Schwester, die Nachbarin. Es ist auch normal, sich in Menschen zu verlieben, die man um sich hat. Aber es gibt so viele mögliche Partner auf der Welt … für jeden etwa 4 Milliarden. Wenn es dann doch nur eine heiße Affäre war, und nach dem Auffliegen der Aktion kein Stein mehr auf dem anderen steht, merkst du, dass es das nicht wert war. Wenn es allerdings doch passiert, dass du dich in einen Menschen in Beziehung verliebst, empfehle ich, möglichst schnell für klare Verhältnisse zu sorgen.

Auch wenn es fast überflüssig erscheint, das zu erwähnen: Hände weg von allen Beziehungen, die den eigenen Ruf ruinieren können oder schlicht verboten sind (z. B. Lehrer-Schülerin). Wenn du doch der Meinung bist, dass du dich verliebt hast und du der »Ältere« bist, solltest du bei dir schauen, was los ist, und den anderen da nicht mit hineinziehen. Auch wenn du gnadenlos angebaggert wirst. Insbesondere Menschen, die selber in irgendeiner Art missbraucht wurden, steuern in einem unbewussten Bewältigungsversuch leicht in eine neue missbräuchliche Beziehung.

Freunde

Immer noch die meisten Menschen lernen ihre neue Flamme über *Freunde* kennen. Das ist oft einfach eine Party und ganz besonders oft – eine Hochzeit. Vielleicht hat der Gastgeber schon Singles passend zusammengesetzt. Oder es handelt sich um das vermittelte (blind) Date. Dieser Weg ist besonders erfolgversprechend. Warum? Weil man aufgrund des gemeinsamen Zirkels oft dann auch gemeinsame Ziele, Interessen, Hobbys hat. Gleich und gleich gesellt sich gern. Außerdem weißt du schon einiges über die Person und musst dir keine Gedanken mehr darum machen, ob du einen Irren triffst. Also, frag doch deine Freunde und Bekannte, ob sie nicht ein paar nette Singles kennen!

Online-Dating

Bis zu 80 % aller Singles machen *Online-Dating*. Was heißt das? Bei einer so großen Prozentzahl kann es sich nicht nur um eine »Resterampe« handeln. Trotzdem frustriert das Online-Dating viele, insbesondere weil nur ganz wenige ausgewählte Partner wirklich passen. Woran liegt das und was ist zu beachten?

Partner-Börsen

Partner-Börsen sind die übliche Art, online zu daten. Es gibt sehr viele inzwischen, und alle haben ihre Vor- und Nachteile. Tendenziell würde ich sagen, dass man bei den bezahlten Varianten etwas bessere Erfahrungen macht. Das Hauptproblem ist hier wie bei den meisten Online-Angeboten, dass du einfach nicht weißt, wen du vor dir haben wirst. Es ist letztlich Glück oder Schicksal, wie auch immer man es nennen will. Natürlich wird etwas gematched. Bisher ist mir aber keine Studie bekannt, die die Wirkung dieses Matching belegt hätte. Was du erwarten kannst, sind ähnliche Interessen und Hobbys. Ich war auch mal auf einer Börse und bekam immer Flugbegleiterinnen und Lehrerinnen zugewiesen. Warum, wird wohl ein ewiges Rätsel bleiben!

Wenn du wirklich etwas lernen willst, solltest du beim anderen Geschlecht über die Schulter schauen. Als Mann wird man feststellen, dass der überquellende Posteingang vieler Frauen ein Ausbund an Langeweile ist, und man sich wirklich fragt, ob Männer überhaupt ein Kreativitäts-Gen besitzen. Es gibt tonnenweise »Hi«, »Hi Schöne«, »Hey du«-Nachrichten. Aber auch die Profile von Frauen wirken häufig stereotyp. »Ich gehe zum Lachen nicht in den Keller.« – »Eigentlich will ich gar nicht hier sein, aber meine Freunde haben mir dazu geraten.« – »Wenn man mich aufheitern will, muss man mich in den Arm nehmen.« Dazu noch ein Bild, wie frau am Strand vom Sand hochspringt.

Noch problematischer ist aber, dass wirklich viele Frauen uralte Fotos einstellen und ihr Alter locker fünf Jahre nach hinten verlegen. Ich finde die Wirkung verheerend und frustrierend. Es liegt natürlich auch etwas an diesem Warenhaus-Gefühl, das so eine Börse vermittelt.

Wenn du jemanden anschreibst, belasse es in jedem Falle bei einer Nachricht, sonst bist du gleich der Stalker. Schreib irgendwas Nettes, das erkennen lässt, dass du mal in das Profil reingeschaut hast. Ich finde auch den Satz »Hast du Lust auf weiteres Kennenlernen« gar nicht so schlecht. Auf jeden Fall keine Romane schreiben! Nicht versuchen, sich zu verkaufen! 3 bis 4 Sätze sind völlig ausreichend.

Was das Profil angeht: Ich kann nur dazu raten, genau reinzuschreiben, was du haben willst. Und wenn es der 3-Tage-Bart oder die langen blonden Haare sind. Ich hatte ein extrem freches Profil benutzt und u. a. nur selbstbewusste, attraktive Frauen gebeten, mich anzuschreiben. Allein das macht einen schon interessant. Such deine Nische und scheu dich nicht zu sagen, was du willst! Es kommen dann vielleicht weniger Nachrichten, aber die sind wenigstens von Menschen, die du wirklich treffen willst.

Mach unbedingt gute Fotos, es reichen bei Männern drei, bei Frauen dürfen es auch fünf sein. Sie sollten nicht älter als zwei Jahre sein. Sie sollten auch nicht zu professionell bearbeitet aussehen. Als Mann empfiehlt es sich, zumindest auf einem Bild den Oberkörper bzw. den ganzen Körper mit abzulichten.

Und jetzt der wichtigste Tipp an alle *Männer*: Lasst euch tendenziell eher anschreiben. Es spart unendlich viel Zeit und Nerven. Du verbringst Stunden mit tollen Mails und wirst nur immer frustrierter. In der Zeit kannst du besser zum Kitesurfen gehen. Letztlich wählt einfach die Frau aus. Mach ein tolles, mutiges Profil und lass alles liegen. Wenn dich dann genau die richtige Frau anschreibt, wunderbar! Ansonsten geh weiter deinem Leben nach. Wenn du doch unbedingt jemanden anschreiben willst, verfass eine Nachricht und bloß nicht »Winken« oder so! Ist unmännlich! Und gib deine Fotos sofort frei.

Als *Frau* darfst du gerne einfach »Winken« oder Anlächeln, oder auch eine ganze Nachricht schreiben und dann die Fotos im zweiten Schritt freigeben. Auch hier gilt: Warte! Eine zweite Nachricht macht nie Sinn.

Wenn auf diese Weise tatsächlich gegenseitiges Interesse entsteht, gilt einfach eines: möglichst schnell telefonieren und dann gegebenenfalls treffen. Es bringt nichts, viel zu schreiben. Ich habe einmal zwei Wochen lang mit einer Frau hin und hergeschrieben, als ich es noch nicht besser wusste. Ich traf sie – auch noch in einer anderen Stadt, was ich online selten nochmal machen würde – und es hat trotz unserer perfekten Brieffreundschaft schlicht nicht geklickt. Du kannst einfach in

Mails zu viel hineininterpretieren. Und du weißt nie, welche Ausstrahlung jemand hat, wie er riecht usw. Das ist der ganz große Nachteil des Online-Datings. Der Vorteil ist natürlich, dass du eine Vorauswahl treffen kannst.

Facebook, Instagram & Co.

Natürlich eignen sich grundsätzlich alle *sozialen Netzwerke*, neue Menschen kennenzulernen. Du solltest es nicht überbewerten, wenn sich jemand mit dir auf Facebook befreundet, aber es könnte durchaus ein Kontaktversuch sein. Wenn dir jemand gefällt, frag einfach, ob ihr mal was trinken gehen wollt. Die romantische Absicht dahinter dürfte jedem dabei klar sein.

Umgekehrt kannst du auch mit jemandem Kontakt aufnehmen. Du kannst zumindest auf Facebook niemanden mehr anschreiben, mit dem du nicht befreundet bist (man landet zumindest in einem speziellen Ordner, den viele nicht beachten). Also geht der Weg eher über das Befreunden, und das macht meistens nur Sinn, wenn ihr euch kennt oder aber wenn es sich um Freunde von Freunden handelt. (Etwas anders ist das auf Instagram, da kannst du natürlich zunächst jemandem folgen). Wenn das geklappt hat, kannst du nochmal abwarten, ob die betreffende Person mit dir interagiert, zum Beispiel über das »Liken« von Beiträgen. Das kann, muss aber nicht, Interesse signalisieren. Dann geht es eigentlich so weiter wie immer: Schreib die Person an, bezieh dich zum Beispiel auf den gemeinsamen Freund oder »gelikte« Beiträge. Auch hier ist die romantische Absicht sicherlich sofort klar. Deshalb heißt es auch jetzt wieder: nicht lange fackeln und möglichst zügig auf ein Date hinsteuern. Wenn es genug gemeinsames Interesse gibt und die betreffende Person Single ist, wird das klappen.

Ich würde raten: Finger weg von notorischen Selbstdarstellern, deren Timeline praktisch nur aus Selfies besteht. Da bist du häufig nur »Aufmerksamkeits-Benzin«.

Tinder

Tinder hat das Online-Dating revolutioniert. Im Guten wie im Schlechten. Es fokussiert sich auf das Wesentliche: das Aussehen. Auch in Partnerschaftsbörsen lesen viele überhaupt nicht mehr die Profile, und wenn, dann erst kurz vor dem ersten Date. Andererseits gibt es auch nirgendwo so viele unbeantwortete Nachrichten und plötzlich abbrechende Kontakte wie hier. Und auch dieses Warenhaus-Gefühl ist einzigartig bei Tinder. Wenn man sich neu anmeldet in einer Großstadt, wirst du regelrecht überflutet von Fotos. Wer es noch nicht kennt: Es ist eine Smartphone-App, bei der man Profile »liken« kann. Wenn beide sich »geliked« haben, öffnet sich ein Chat-Fenster und man kann einfache Textnachrichten versenden (es gibt inzwischen auch weitere ähnliche Apps., das unten Gesagte gilt aber im Prinzip auch für die).

Logischerweise solltest du vernünftige Fotos einstellen, gerade für Männer macht es Sinn, gegebenenfalls professionelle Bilder machen zu lassen. Unverständlich bleibt, warum manche gar keine oder Landschaftsfotos einstellen – das darfst du getrost ignorieren. Manch attraktive Frau stellt nur Teaser-Fotos ein, auf denen du vielleicht die lackierten Zehennägel erkennst; deshalb: lieber »nach links wischen«, also aussieben.

Auch bei Tinder gilt: kein Schummeln beim Alter und keine Fotos von 1998 einstellen! Es schlägt einem irgendwann ins Gesicht. Das Argument lautet oft: »Ich sehe doch jünger aus, als ich bin.« Komischerweise denken das aber 95 % aller Menschen! Und es macht gleich einen desaströsen Eindruck, wenn die Retusche auffliegt. Ich erinnere mich an Dates, auf denen ich das als lustige Geschichte erzählen wollte, und mein Gegenüber dann rot anlief und sagte: »Äh ja, ich bin auch älter, aber nur vier Jahre. Und ich rauche doch.« Man möchte dann eigentlich sofort gehen. Wenn du jemanden nicht mit einem bestimmten Alter magst – warum solltest du ihn treffen wollen?

Tinder gilt oft als App für unverbindlichen Sex. Ist das richtig? Teilweise ja. Es scheint etwas vom Alter abzuhängen und auch von der

Stadt, in der man lebt. Aber, um noch mal eigene Erfahrungen einzubringen: Ich hatte bereits eine Beziehung via Tinder und es lief alles super. Das habe ich schon von vielen gehört. Also einfach ausprobieren!

Was ist dabei wichtig? Meistens schreiben Männer als erstes, sobald sich das Chat-Fenster öffnet. Ich empfehle, das zeitnah zu tun, sonst rutschst du erst einmal immer weiter herunter auf der Liste des anderen. Manche Frauen bekommen unfassbar viele Matches am Tag, die wissen dann gar nicht mehr, wer du bist. Auch hier bitte keine »Hi«- oder »Hi Schöne«-Nachrichten! Nimm irgendetwas aus ihren Fotos auf und bezieh dich darauf. Wenn zum Beispiel ein Segelboot zu sehen ist, sag etwas darüber, zum Beispiel, dass du auch schon segeln warst und du stundenlang in einer Flaute Karten gespielt hast. Irgendetwas, was du auch auf einer Party jemandem erzählen würdest. Wenn dir gar nichts einfällt, mach ein spezifisches (!) Kompliment über ihre Fotos. Keinesfalls irgendeinen schleimigen Kram, dass sie die Frau / der Mann deiner Träume ist. Nicht auf ein Podest stellen!

Und dann: warten! Keine zweite Nachricht. Wenn sie sich nicht meldet: abhaken! Wenn sie sich meldet: Schreib 3 bis 5 Mal hin und her, und wenn es dann fließt, biete an, auf SMS etc. zu wechseln oder mal zu telefonieren und schick deine Mobilnummer. Wenn das geklappt hat, und du die Nummer hast, ruf sie / ihn zeitnah an und sprich etwas mit ihr / ihm. Wenn sich das gut anfühlt: Date ausmachen und weg vom Telefon! Versuche nicht, direkt ein Date einzufädeln. Erstmal kannst du nicht wissen, wie sie im Gespräch ist, und das ist NICHT egal! Und selbst, wenn sie heiß ist, führt das oft zum Kontaktabbruch. Auf Tinder ist man noch schneller bereit, jemanden direkt zu löschen, wenn es nur ein bisschen zu schnell geht oder einem etwas komisch vorkommt. Wenn du ein Date machst, stelle sicher, dass das Ziel in etwa das Gleiche ist.

Night & Day Game

Night Game bezeichnet das Kennenlernen abends in Bars, Clubs etc. *Day Game* hingegen ist das Ansprechen von Zielpersonen im Buchladen, in der U-Bahn, an der Kühltheke. Beides kann sehr frustrierend sein, andererseits triffst du hier auf wirklich alle Menschen und nicht nur auf Teilgruppen, die z. B. Online-Dating machen. In Clubs rechnen Menschen logischerweise damit, eine hübsche Frau kann aber durchaus fünf oder mehr Telefonnummern an einem Abend bekommen und du gehst komplett unter. Ein Ansprechen am Tag wird niemand so schnell vergessen. Es braucht aber echt viel Mut und du kommst vielleicht etwas wie ein Stalker rüber.

Am Tag

In der Regel ist es der Job des Mannes, eine Frau zu kontaktieren. Aber: Frauen suchen eigentlich vorher aus und machen damit auf sich aufmerksam. Wie machen sie das? Sie lächeln dich an oder halten den Augenkontakt. Ich empfehle, aufmerksam zu sein und nur Frauen anzusprechen, die vorher eine entsprechende Rezeptivität signalisiert haben. Es sei denn, du triffst auf die (scheinbar) absolute Über-Frau, dann sprich sie halt auf jeden Fall an. Es kann ja nichts passieren außer dass du einen Korb bekommst.

Um die Ansprechangst zu senken, empfiehlt es sich, einfach eine Zeitlang jeder Frau in die Augen zu schauen, die du magst. Halte den Augenkontakt! Lächelt sie? Lächle zurück! Womit kannst du sie ansprechen? Versuche, sie auf jeden Fall zu stoppen und nicht im Gehen anzusprechen. Es gibt drei Wege dazu:

- *Direkt zum Punkt*: Sag ihr einfach, dass du sie toll findest und gerne ihre Nummer hättest bzw. mit ihr ausgehen möchtest. Nachteil: Man muss wirklich einiges(!) an Körben vertragen können! Wenn du ein Kompliment machst – nimm ein Detail heraus, das dir ganz besonders gefällt! Zum Beispiel ihr Lächeln oder ihre Ausstrahlung.

Du kannst natürlich auch direkt ein Date machen. Dann ist es gut, mit einer Frage zu starten, bei der das Gegenüber leicht aussteigen kann. »Musst du schon los oder hast du noch Lust auf einen Kaffee?«

- *Um die Ecke*: Rede über irgendetwas, was in der Nähe gerade passiert. Führe ein Gespräch, das du mit einem beliebigen Fremden führen könntest. Wenn sie positiv reagiert, frage dann nach ihrer Nummer / nach einem Date.
- *Anziehung erzeugen*: Mach der Frau ein (ernst gemeintes) Kompliment und gehe einfach (langsam) weiter. Jeder mag Komplimente, und wenn es ohne die Erwartung einer Gegenleistung erfolgt, ist das besonders schön. Allein das kann total attraktiv sein, so dass die Frau dich vielleicht zurückhält! Einfach mal ausprobieren!

Auf jeden Fall solltest du nicht zu lange zögern. Dann wird es immer schwieriger und die Wahrscheinlichkeit, dass du komisch rüberkommst, steigt!

Und was machst du mit der Nummer? Am besten tippe sie in dein Handy ein und klingele sie direkt kurz an, dann hat sie deine. Warte anschließend ruhig ein paar Tage. So kommst du nicht so bedürftig daher. Vielleicht meldet sie sich sogar vorher! Woher weißt du, dass sie sich auf dich freut? Sie weiß noch deinen Namen!

Am Abend

Die Kompliment-Strategie funktioniert am Abend manchmal nicht so gut, insbesondere bei jüngeren Frauen. Sie sind es einfach gewohnt, permanent Komplimente zu bekommen. Ein Kompliment zu viel kann schon reichen, dass sie dich als Nerd einschätzt. Such dir am besten eine Frau aus, die alleine da ist oder etwas abseits der Gruppe steht. Sprich sie mit irgendetwas an, das sich auf ein Detail an ihr bezieht und impliziert, dass du sie – eventuell – ganz gut finden würdest. Sei etwas anders, fett, unerwartet, mysteriös: »Wo hast du diese Kette gekauft?« »Ist das deine echte Haarfarbe?« »Welche Farbe haben deine Augen, ich kann sie hier drin nicht sehen.« »Bist du Single?« ... Und nimm anschließend ihre Hand, um zu sehen, ob die einen Ring hat. Achte darauf, ob sie auch zurückfragt. Tendenziell würde ich nicht gleich einen Drink kaufen, lass sie dich auch »verdienen«. Spreche deutlich und halte die Konversation lustig und leicht. Sei 90 % James Bond und 10 % der große Bruder, der seine Schwester neckt.

Gehe davon aus, dass du extrem oft zurückgewiesen wirst, und (...) dann los. Anders geht es einfach nicht. Wenn die Zeichen da sind, dass sie dich mag, »go for the kiss«.

Auf dem Lebensweg

Dies ist auf eine Art die natürlichste Art, an eine Beziehung heranzugehen. Du lebst einfach dein Leben und schaust, was dir so über den Weg läuft. Du bist aufmerksam, aber du brauchst auch nicht unbedingt eine Beziehung. Das kann ein Rezept für die ganz große Liebe sein, wenn du geduldig bist. Dennoch kannst du es auch dann versauen, wenn du nicht vorher die richtigen PickUp-, Dating- und Beziehungsfertigkeiten erlernt hast. Ich empfehle daher, diesen Ansatz zu kombinieren mit anderen Möglichkeiten, Partner kennenzulernen. Übung macht den Meister!

Wie kannst du herausfinden, ob eine Frau / ein Mann an dir interessiert ist? Ein einfacher Trick ist, beim Kennenlernen nach dem Namen deines Gegenübers zu fragen. Wenn du dann nach deinem Namen gefragt wirst, ist das ein gutes Zeichen (natürlich nur dann, wenn es aufgrund der Situation nicht notwendig wäre)!

6 Dating

Warum diese Tipps?

Du fragst dich vielleicht, warum sind diese Tipps nötig? Das hat viele Gründe. Erst einmal geht es vielen so, dass sie nach einer langen Beziehung plötzlich Single sind und sich zum ersten Mal nach 20 Jahren wieder auf dem Dating-Markt finden. Das kann fast ein Schock sein, da sich so viel verändert hat seit dem Online-Dating. Das plötzliche Verschwinden von Dates (Ghosting), parallele Treffen von vielen Menschen, jemandem schreiben, den man null kennt – all das ist für die meisten ziemlich neu.

Dazu kommt noch, dass in vielen Filmen beim Dating Verhaltensweisen gezeigt werden, die im echten Leben einfach nicht funktionieren. Zum Beispiel: jemandem hinterherlaufen in der Hoffnung, dass er seine Meinung doch noch ändert. Das betrifft vor allem Männer. Da es irgendwie immer noch so ist, dass die Frau sich ihren Partner aussucht, haben viele Männer auch das Gefühl, in der Masse des Online-Datings unterzugehen.

Für Frauen kann es zuweilen sehr irritierend sein, dass ein hoher Prozentsatz von Männern auf Online-Plattformen gar nicht Single ist (ca. 25%).

Mangelnde Liebe macht zudem bedürftig. Und wenn du bedürftig datest, ist das wie hungrig Einkaufen. Du denkst nicht wirklich nach und ziehst oft die falschen Menschen in dein Leben. Zu bedürftig, »needy« sein, ist ein immenser Abtörner für die meisten. Die folgenden Tipps sollen deshalb helfen, nicht in diese Fallen zu laufen.

Natürlich findest du nur dann den richtigen Partner, wenn du möglichst du selber bist. Sonst verliebt sich ja der andere in eine Schauspielerei. Und es ist einfach sexy, ganz und gar zu sich zu stehen. Aber es ist oft gar nicht so leicht herauszufinden, wer man selber ist. Wenn du zum Beispiel von Verlustängsten geplagt bist, sind das alte Programmierungen deines »Inneren Kindes« (siehe S. 191). Das ist aber nicht das gleiche, was du ganz tief drinnen bist. So kann es sich authentisch anfühlen, einem frischen Date den ganzen Tag Kurznachrichten zu schicken. Abgesehen davon, dass das die meisten nicht mögen, entspricht es ganz tief drinnen sehr wahrscheinlich nicht dem, der du bist. Das »Innere Kind« ist »am Steuer«, das nicht wieder verlassen werden will.

Dating kann sehr frustrierend sein ... die folgenden Tipps sollen das so gut wie möglich abmildern. Behalte immer im Auge, was du suchst. Und mache nicht zu viele Kompromisse, die kosten letztlich nur Zeit.

Die »Verpackung«

Das moderne Dating ist sehr stark visuell geprägt – wie kann es anders sein in Zeiten von Tinder und Co. Lass dich trotzdem nicht davon blenden. Wir versuchen oft, den »besten« Deal mit einem Date zu machen, und meinen damit eigentlich, dass wir gerne die beste »Verpackung« hätten. Verpackung meint, dass jemand extrem hübsch ist, einen tollen Job hat, in irgendeiner Weise gut dasteht im Leben. Das ist sehr praktisch, wenn du Kumpels mit deiner neuen Freundin beeindrucken willst, aber wenn du nicht vom Typ und von den Interessen her kompatibel mit ihr bist, wirst du nicht lange Gefallen an der Verpackung haben. Ein guter Partner ist nicht wie eine schnelle Pizza, sondern nachhaltig wie ein gesunder, frischer Ernährungsplan.

Vorbereitungen

Was ist ein »Date«? Ich nutze gerne den amerikanischen Begriff, weil es so viel mehr beinhaltet als eine »Verabredung«. Ein Date ist eine mit Spaß und Freude gefüllte Aktivität, die grundsätzlich zu Sex führen kann. Das Date möglich zu machen, ist die Hauptaufgabe des Mannes. Den Partner seiner Träume zu finden und zu behalten, bedeutet ganz wesentlich ein schönes Date nach dem anderen zu produzieren.

Du darfst auch gerne ein sogenanntes *Zero-Date* als Start machen. Das ist ein kurzer Spaziergang, ein Kaffee oder Sonstiges. Es dient nur dazu, mal eben die »Aura« bzw. die Chemie zu checken. Wenn das passt, folgen »richtige« Dates.

Wenn du dir klarmachst, was Ziel deines echten Dates ist, kannst du auch überlegen, was keine gute Date-Aktivität ist, zum Beispiel gemeinsames Frühstück (außer nach einer schönen Nacht) oder Mittagessen – kannst du natürlich mal machen, aber ist nicht unbedingt optimal.

Ein guter Einstieg ist immer auch, etwas zu unternehmen. Das kann auch Bowling, Snowboarden in der Halle oder das gute alte Essengehen sein. Wenn du Geld sparen willst, geh erst etwas trinken an einem Ort, an dem du dann einfach etwas Weiteres machen kannst. Die erste wichtige Regel lautet: Jeder Ortswechsel ist gefühlt wie ein weiteres Date. Beim Gehen irgendwohin kannst du auch leicht mal ineinanderrennen oder die Hände berühren sich oder oder oder ☺. Die gute Planung eines Dates ist der JOB DES MANNES. Deshalb geht dieses Kapitel viel an die Männer. Die meisten Frauen sind sowieso »naturals«, was Dating angeht. Dennoch kannst auch du als Frau, die hier liest, die Informationen nutzen, um Männer richtig einschätzen zu können.

Ich habe eine Zeitlang recht viele Frauen getroffen – die Sache, die ich am meisten gehört habe von Frauen, war: »Es ist so schön, dass du das Restaurant ausgesucht und auch den Tisch reserviert hast. Und ich habe schon ewig nicht mehr erlebt, dass mich jemand abholen wollte.« Frauen mögen Männer, die wissen, was sie wollen. Und das geht bei diesen kleinen Dingen los. Sie wollen nicht, dass sie entscheiden müssen, wo es hingeht, und den Tisch reservieren müssen. Ich werde nie vergessen, wie ich einmal einen Tisch draußen und drinnen reserviert habe, weil das Wetter unsicher war – und welchen Effekt das auf mein Date (die später meine Freundin wurde) hatte. Bei derselben Frau habe ich einmal gefragt: »Gehen wir zu jenem oder diesem Italiener« – sie sagte: »Das musst du doch wissen. Du bist der Mann.«

Also mach eine definitive Zeit und einen definitiven Ort ab – und dann weg vom Handy, zumindest vor dem ersten Date. Eher weniger SMS, eher keine Zwischenanrufe. Die zerstören die Spannung bzw. du schreibst versehentlich etwas, was gar nicht gut ankommt. Wenn eine Frau / ein Mann ein Grundinteresse an dir hat, wird das durch die relative Stille nie gesenkt. Und erhöhen kannst du es am besten in ihrer Gegenwart. Kein Autohändler verhandelt am Telefon ☺!

Wenn du eine Frau bist und der Mann deine feinsinnigen Hinweise, dass du ihn sehen möchtest, nicht kapiert, musst du ihm direkt sagen, was du möchtest, zum Beispiel so: »Hey du, magst du mich nicht mal auf ein Date / ein Glas Wein einladen?« Männer sind 0/I-Wesen, du musst ihnen manchmal exakt angeben, was zu tun ist.

Schlaglöcher und rote Flaggen

Je nachdem, wie du ihre Nummer bekommen hast, wird es nicht immer klappen mit der Date-Vereinbarung, wenn es eine Telefonnummer »von der Straße« ist, sogar recht oft. Wenn du sie live gesehen hast, ist es inzwischen in Ordnung, die Verabredung per SMS (bzw. per WhatsApp) zu starten. Wenn es sich um ein Online-Date handelt, sprich lieber vorher mit ihr. Manchmal kann schon eine Stimme sehr abtörnend sein. Wenn du den AB erreichst, sprich beim ersten Mal nicht darauf, bei einem zweiten Versuch bitte um Rückruf. Ansonsten reicht eine SMS. Rede nicht lange drumherum, sage ihr, dass du sie sehen möchtest und frage sie, wann sie Zeit hat.

Wenn sie Dinge sagt wie »es ist gerade so voll«, »ich bereite mich gerade auf mein Bundestagsmandat vor«, »ich lerne gerade für mein

Diplom in Astrophysik« OHNE einen Gegenvorschlag zu machen, ist das erst einmal ein nicht so gutes Zeichen und heißt übersetzt: Mein Interesse ist gerade nicht so hoch. Dann sage einfach: »Alles klar, melde dich doch, wenn du wieder frei bist« – und dann vergiss sie. Es sei denn, sie meldet sich tatsächlich.

Wenn sie ein ausgemachtes Date absagt, werde NIE (wie auch sonst nie) ärgerlich oder klebrig. Warte, ob sie einen Gegenvorschlag macht, dann ist es gut. Ansonsten versuche es in 1 bis 2 Wochen noch einmal (oder gar nicht). Nach ein bis zwei gescheiterten Versuchen ein Date zu machen, ist sinnlos, da kannst du ihre Nummer eigentlich gleich löschen. Wenn sie sich dann doch meldet, frage sie nicht mehr und halte die Konversation extrem kurz. Sie muss dann merken, dass jetzt sie ein Date ausmachen muss, oder man sieht sich nie wieder. Das gleiche gilt, wenn sie sich gar nicht zurückmeldet. Mach maximal einen zweiten Versuch, frühestens nach einer Woche. Super attraktive Frauen warten manchmal extra, um die anhänglichen, ungeduldigen Stalker-Männer direkt auszusortieren.

Keinesfalls solltest du ein »Vielleicht-Date« machen. Das ist in etwa so wie: »Wahrscheinlich kann ich da, aber kann ich dir das an dem Morgen noch bestätigen?« Die Übersetzung dazu lautet, dass du zu einem »backup« gemacht werden sollst. Lasse das nicht zu. Die richtige Antwort lautet: »Nein, dann lass uns doch lieber was ausmachen, wo wir beide sicher Zeit haben.«

Das berühmte erste Date

Mann und Frau sollten logischerweise pünktlich sein. Viele Frauen kommen 5 bis 10 Minuten zu spät, damit sie nicht als erste da sind. Das ist o.k. Wenn eine Frau / ein Mann sich mehr als 20 Minuten verspätet, ist das eigentlich schon die erste rote Flagge (»rote Flagge« meint ein Stoppschild, wo du sehr vorsichtig werden solltest). Es sei denn, es gibt einen wirklich trifftigen Grund.

Alles, was du als Mann in der Benimm-Schule gelernt haben solltest, kannst du anwenden, auch wenn du die Professorin für Feministik datest. Öffne die Tür für sie, hilf ihr aus dem Mantel, rücke den Stuhl etc.

Jetzt meinst du vielleicht, du müsstest einen besonders guten Eindruck machen. Das ist eigentlich falsch. Ich habe früher oft versucht, mich taktisch klug anzustellen, meine Vorzüge reinzubringen, schlau zu sein. Es ist alles Quatsch. Es gibt nur zwei Regeln: Spaß haben und man selbst sein. Von dem Moment an, als ich das umgesetzt habe, wurden die meisten Dates (vorausgesetzt, ich mochte die Frau) fast durchgängig gut. Es ist für eine Frau so viel spannender, langsam Informationen aus dir herauszuquetschen über das, was du alles zu bieten hast, als dass du ihr dein Leben auf dem Silbertablett präsentierst.

Überhaupt, lass die Frau reden, stelle ihr lieber Fragen, versuch, sie kennenzulernen. Zeig ihr, dass du dich wirklich für sie als Person interessierst und nicht nur an die Wäsche willst. Frauen reden eh dreimal so viel wie Männer – gib ihr dafür bei dem Date eine Chance. Mache dir keine Gedanken darüber, ob du genauso »hot« aussiehst wie dein Gegenüber. Für Frauen ist die härteste Währung Selbstvertrauen und Souveränität des Mannes. Aussehen kommt erst auf Platz 5.

Vermeide unter allen Umständen, endlos über deine Ex-Partnerin zu lamentieren oder Themen wie Weltfrieden, Atomkrieg und Cholera anzuschneiden. Wichtig ist nur, gemeinsam Spaß miteinander zu haben.

Versuche als Mann auf gar keinen Fall aufzuschneiden. Aufschneiden heißt übersetzt: Ich als Mann – einfach so – bin nicht gut genug. Ich muss noch meinen Porsche auf das Tablett legen, sonst gibt es nicht genug Argumente für mich. Überleg mal, wie attraktiv das rüberkommt, außer bei einer Frau, die sowieso nur dein Geld will. Was Frauen anmacht, ist der »innere« Porsche: dass du dich wohl in deiner Haut fühlst und weißt, du bist ein cooler Typ. Es ist okay, das erst einmal etwas zu spielen – wenn du anfänglich positive Erfahrungen machst, kommt der Rest von ganz alleine.

Vermeide unter allen Umständen zwischen den ersten Dates Sexting, also sexuelle Anspielungen in SMS-Form. Das ist für 90 % der Frauen einfach abtörnend und lässt die Verführungskette, also den natürlichen Ablauf vom Sich-zusammen-wohl-Fühlen bis zum Bett, außer Acht. Du willst sie nicht zum Sex »hinquatschen«, du willst bei einem gelungenen Dating-Prozess erreichen, dass sie dich jagt und nicht umgekehrt. Das entspricht letztlich viel mehr der natürlichen Polarität zwischen Frau und Mann. Der Mann initiiert das Werben, die Frau bestimmt das Tempo. Für diesen Schneeballeffekt muss sie auf dich zukommen, und nicht andersherum. Also hab einfach weiter Spaß, lass sie die meiste Zeit reden und entspann dich einfach! Mehr gibt es nicht zu tun.

Eine Sache würde ich allerdings schon fragen, und das gilt für Frauen und Männer: Frag beiläufig, wie lange die längste bisherige Beziehung gehalten hat. Wenn ihr irgendetwas hört unter ca. 2 Jahren und euer Gegenüber nicht mehr 20 ist, würde ich das Ganze abhaken, zumindest wenn du eine Beziehung suchst. Die Wahrscheinlichkeit, an jemanden mit Bindungsstörungen geraten zu sein, ist dann sehr groß.

Der Kuss

Auch der erste Kuss ist zu 98 % der Job des Mannes. Es ist auch nichts, worüber du reden solltest, mach es einfach. Und jetzt kommt etwas ganz Wichtiges, was dich vielleicht überrascht: Wenn dir die Frau gefällt, küsse sie möglichst zum Ende des ersten Dates, spätestens beim Abschied. Oder mach es beim zweiten Date, allerspätestens beim dritten. Warum? Erstmal ist es für Frauen immer spannend, wenn Männer es wagen, ein Risiko einzugehen. Risiken eingehen und Mut haben sind typisch männliche Verhalten. Jede Frau wird dir dafür Respekt zollen. Und du erreichst damit etwas ganz Entscheidendes: Die Frau muss ihre Karten aufdecken. Wenn sie dich auf romantische Weise mag, wird sie dich küssen. Wenn sie den Kopf dreht und du die Wange bekommst, weißt du Folgendes: Entweder hat sie nicht genug Interesse an dir, oder sie folgt nicht ihren Gefühlen, sondern einem Set von Regeln, Ängsten und Blockaden im Kopf. Beides Grund genug, sie nicht unbedingt weiter zu daten. Ich weiß, es hört sich hart an, und ich selbst wollte an diese Regel zunächst nicht glauben, aber zu 98 % fand ich sie bisher bestätigt. Insbesondere wenn du online datest, sparst du viel Geld und Nerven mit dem »Kuss-Test«.

Dazu kommt, dass eine Frau irgendwann denkt, der Mann hat kein Interesse, wenn er sich nicht vorwärts bewegt. Dann landet man irgendwann in der »Freundschafts«-Schublade.

Als Mann ist es durchaus attraktivitätssteigernd, wenn man den Abend als erster beendet und das nicht die Frau machen lässt. Und bitte: NIE schon das nächste Date ausmachen direkt beim ersten Date, lass es erst einmal sacken.

Initiierung von Körperkontakt

Du musst aber unter Umständen gar nicht bis zum Ende des ersten Dates warten. Wenn die Frau die entsprechenden Signale gibt – aber keinesfalls vorher –, kann der Mann Körperkontakt initiieren. Signale sind unter anderem: Körperkontakt durch die Frau, näher rücken, berühren, Lipgloss nachziehen, mit dem Haar spielen, so ein Leuchten in den Augen. Je mehr du Menschen triffst und darauf achtest, desto feiner und sicherer wird deine Wahrnehmung. Ein echt cooler Test ist folgender: Wenn du nahe neben der Frau bist, schau ihr über zwei Minuten in die Augen, auf den Mund, in die Augen usw. Wenn sie in dieser Zeit auch auf deinen Mund schaut, kannst du sie gerne küssen. Alternativ kannst du auch als erstes ihre Hand nehmen.

Dann kannst du einfach schauen, wie weit du kommst. Wenn ihr wild rumrutscht und zum Auto geht, kommt es vielleicht dann zu Händen unter dem Hemd und dann kannst du fragen: »Was hältst du von einem Glas Wein bei mir?« Im Zweifelsfall geh immer wieder einen Schritt zurück, falls sie zurückweicht, und warte, bis sie wieder auf dich zukommt. Es gibt aus meiner Sicht keinen Grund, lange mit Sex zu warten, wenn es sich für beide richtig anfühlt (Ausnahme: Du hattest eine Serie von toxischen

Kontakten, dann lieber etwas länger warten). Sex kann sich genauso falsch beim zehnten Date anfühlen wie beim ersten. Wenn alles gut läuft, kommt es etwa zwischen dem 2. bis 5. Treffen zu Sex.

Nach dem ersten Date

Wenn ihr auseinandergeht, würde ich dir, dem Mann, empfehlen, ihr abends noch zu schreiben, dass es dir sehr gefallen hat (falls das die Frau nicht sowieso schon gemacht hat). Anschließend gibt es wieder unterschiedliche Pläne für Männer und Frauen. Da es die feminine Energie ist, Bindungen herzustellen, darfst du dich als Frau jederzeit beim Mann melden, egal, ob am ersten Tag danach oder nach einer Woche. Als Mann solltest du jede beiläufige Nachricht einer Frau als Indiz dafür werten, dass sie gerne ein weiteres Mal mit dir ausgehen möchte.

Jetzt ist es ganz einfach. Du schreibst: »Hey, ich möchte dich wiedersehen ..., wann hast du Zeit?« Und das bitte ohne 25 »Erröte-Smileys« und so einen Mist. Zusätzlich möge der Leser bemerken: Kein langes SMS-Gesülze von Seiten des Mannes. Mach das nächste Date aus, und tendenziell weg vom Telefon. Wenn die Frau dir SMS schickt, darfst und sollst du natürlich gerne darauf antworten. Es ist für den Prozess vielversprechender, wenn sich die Frau als Erste meldet, weil, wie schon gesagt, sie das Tempo vorgibt. Wenn du als Mann nichts von ihr hörst, melde dich in 3 bis 4 Tagen und mach für die nächste Woche ein Date aus. Schreibe nicht so etwas wie: »Ich hoffe, es hat dir gefallen?!« Würde James Bond so etwas schreiben? Nein! Natürlich gehst du davon aus, dass es ihr gefallen hat, weil das ja immer so ist bei dir und den Frauen, die du triffst!

Und dann geht es einfach immer so weiter! Der Job des Mannes ist es, Dates auszumachen und sich um die Logistik zu kümmern. Es gibt dieses herrliche Dating-Sprichwort im Englischen von »hang out, have fun, hook up«. Also »geh raus, hab Spaß, werde körperlich«.

Die Frau ist eher zuständig für »Labels«, also Gespräche wie: »Haben wir jetzt eine Beziehung?« Mache das als Mann möglichst nicht, zumindest nicht zu früh. Rede als Mann in den ersten 60 Tagen eher wenig von deiner Zukunft mit der Frau, sonst hast du rasch gar keine mehr ☺. Wenn du zulässt, dass die Frau sich meldet, wirst du merken, dass die Abstände kürzer werden. Das Interesse der Frau steigt und sie will dich immer öfter sehen.

Wenn du es so gestaltest, geht es nach dem Tempo der Frau (die sich meistens etwas mehr Zeit nimmt mit ihren Emotionen). Und wenn die Frau dich jagt, kann sie dich nicht in den Orbit schießen. Das geht genauso wenig wie hinsetzen und aufstehen zur gleichen Zeit. Und nochmal: Nirgendwo steht hier etwas von Sexting oder davon, der Frau vor der richtigen Zeit grobe Annäherungsversuche zuzumuten!

Wenn der Mann sich nicht meldet, kannst du als Frau natürlich noch einmal aktiv werden. Du musst aber nicht direkt ein Date vorschlagen. Es sollte reichen zu schreiben, dass du es schön fandest. Wenn das nicht genügt, hat der Mann wohl nicht genug Interesse.

Weniger ist mehr

Vielen Menschen geht es so, dass sie alles richtig arrangieren mit potenziellen Partnern, die sie gar nicht unbedingt haben wollen. Woran liegt das? Vermutlich daran, dass man total entspannt ist und den anderen nicht zwingend haben will. Damit hat der andere die Möglichkeit, ganz im eigenen Tempo auf dich zuzukommen. Das ist besonders wichtig bei Frauen, da sie sich langsamer verlieben als Männer (man sagt manchmal, es dauert oft 7 Wochen).

Und wie verhälst du dich bei Menschen, die du einfach fantastisch findest? GENAUSO! Nicht zu viel machen, nicht gleich die Gefühle ausschütten. Es ist okay, jemanden zu wollen und das auch grundsätzlich zu zeigen. Es ist nicht okay, jemanden zu *brauchen*. Dieser feine Unterschied ist in Wirklichkeit der absolut entscheidende. Indifference makes the difference – der fast wichtigste aller Dating-Ratschläge.

Wenn du so agierst, fühlt der andere sich zwar gewollt, aber absolut frei. Und wer sich frei fühlt mit dir – fühlt sich geliebt! Ganz konkret bedeutet das auch, dass ein Date pro Woche am Anfang absolut ausreichend ist. Du hast genug Zeit, dich mit den Freundinnen auszutauschen und den anderen etwas zu vermissen. Denke immer daran: In den Tagen, an denen du den anderen nicht siehst, entwickeln sich die Gefühle! Darauf solltest du besonders achten, wenn du ahnst, dass du derjenige bist, der zunächst mehr Gefühle hat (meistens der Mann). Mache am Anfang auch keine Geschenke, keine regelmäßigen Gute-Nacht-SMS, keine Blumen.

Misstrauisch würde ich bei einem schlechten Bauchgefühl werden, egal wie gut eigentlich alles war. Wir alle haben noch diesen Gefahrensensor in uns. Außerdem würde ich aufpassen, wenn du das Gefühl hast, du müsstest dich irgendwie anders geben, als du bist, und auch, wenn du schon zu einem frühen Zeitpunkt kritisiert wirst (»zieh doch mal ein Kleid an, Hosen stehen dir nicht«, »ich mag deine Frisur nicht«). Negativ zu werten ist auch eine Form von Love bombing, also zum Beispiel frühes »Ich liebe dich«, »du bist total besonders« oder SMS mit zig Herzchen.

Exklusivität

Eine schwierige Frage beim (insbesondere Online-)Dating ist immer die der Exklusivität, also ganz einfach ausgedrückt, ob man noch weitere Frauen / Männer zur gleichen Zeit trifft. Ich denke, die wichtigste Regel lautet hier, dass du immer darüber reden solltest, wenn du gerne Exklusivität hättest. Dann kann der andere sich das überlegen und die Karten liegen offen auf dem Tisch. Das vermeidet auch unnötige Herzschmerzen. Wenn es um das erste oder zweite (Online-)Date geht, bei denen noch nicht viel passiert ist, solltest du davon ausgehen, dass das nicht exklusiv ist. Es dauert einfach zu lange, dabei auf eine Goldader zu stoßen. Auf der anderen Seite dürften die meisten annehmen, dass es ab dem ersten Sex exklusiv wird, wohin auch immer das weiter führt. Du solltest dann auch nicht sagen, dass es dir nichts ausmacht, wenn der andere noch weitere Kandidaten trifft, und du es doch nicht so meinst. Es gibt andererseits auch keinerlei Verpflichtung für Exklusivität. Tritt für dich ein, für das, was du brauchst.

Taktik oder Gefühlen freien Lauf lassen

Immer wieder höre ich, insbesondere von Frauen, man(n) solle doch seinen Gefühlen freien Lauf lassen. Ich kann nur sagen, dass ich damit früher eher schlechte Erfahrungen gemacht habe. Es ist oft zu viel und zu früh und erstickt Spannung und Mysteriösität. Insbesondere sehr attraktive Menschen hassen es, wenn sich ihnen der andere sofort vor die Füße wirft und sie ihn lesen können wie ein offenes Buch. Es geht aber auch nicht darum, den anderen absichtlich durch Taktiken zu manipulieren. Das Problem ist, dass vor allem Männer eine Gehirnwäsche hinter sich haben durch Medien bzw. Filme, in denen zu 80 % Verhaltensweisen gezeigt werden, die im realen Leben einfach nicht funktionieren. Dort werden Männer gezeigt, die Frauen hinterherrennen, bis diese schließlich einknicken. Das gibt es echt selten, und wenn, ist es oft nichts Gesundes! Oder dass die zögernde Frau durch ein Mega-Super-Date überzeugt wird. Never ever! Selbst Frauen wissen oft nicht, wie Frauen funktionieren. Sie sagen manchmal, dass sie sich einen romantischen Mann wünschen, der ihnen Liebesbriefe schreibt. Den Kopf verdrehen tut ihnen aber der coole Surfer, der sein Ding macht und den sie einfach nicht eingeschätzt und ganz eingefangen bekommen. Ich kenne das von mir auch. Eine Frau, die einfach alles macht, was man von ihr will, ist nur kurzfristig interessant. Es fehlt der Widerstand, das Erobern. Wenn ich sie aber toll finde, ist es extrem gut für die Anziehung, wenn sie sich ein bisschen »laid back« verhält. Das funktioniert, selbst wenn ich weiß, dass es so funktioniert. Insofern kann ich nur immer wieder sagen: Probier die Dinge in diesem Buch aus, auch wenn du nicht daran glaubst, und schau selber! Sie sind keine Taktik, sie führen einfach dazu, dass du dich wieder normal benimmst. Ich habe das mit vielen Paaren diskutiert. Was hilft es, eine Verhaltensweise zu zeigen (z. B. immer seine Schwächen mit dem Partner zu besprechen), wenn das zu sinkender Attraktivität führt. Überlege immer, was das Ziel ist. Willst du einen Partner, der immer etwas verliebt bleibt, oder eine Therapeutin in deinem Bett haben?

Safety first!

Insbesondere wenn man Menschen noch gar nicht kennt, ist natürlich erhöhte Vorsicht angeraten. Abraten kann ich nur von Menschen, die viel auf sich nehmen, um ein Date möglich zu machen. Dazu gehört auf jeden Fall etwa eine weite Anreise. Fernbeziehungen sind in Ordnung, aber es muss dann nicht auch noch ein Online-Date sein. Das schürt eventuell hohe Erwartungen an den Partner, und das ist nicht gut. Auch jede Art von schlechtem Bauchgefühl würde ich ernst nehmen. Lasst euch ruhig den Namen des Mannes vorher geben und wählt einen öffentlichen Ort. Jedes Date, das drängelt, gehört zurück in die Liste.

Ein ganz wichtiges Kennzeichen von Menschen, die später vermutlich Probleme bereiten, ist folgendes: Sie schreiben viel zu viele Textnachrichten, bevor man sich überhaupt gesehen hat. Textnachrichten sind ein bevorzugter Kommunikationsweg von Personen, deren Bindungsmuster etwas angeschlagen ist.

Jüngere Menschen anziehen

Wenn du gerne mal unterhalb deines Jahrgangs daten möchtest, mach das ruhig, aber hab nicht zu hohe Erwartungen. Und mach es möglichst nicht nur wegen der »Verpackung«.

Es ist alles eine Frage des mindsets, also deiner Einstellungen. Der Trick ist, jede Frau / jeden Mann gleich zu behandeln. Ignorier das Alter einfach. Und denke nicht, dass du einen Mangel hast. Vielleicht siehst du nicht mehr ganz so knackig aus. Dafür hast du aber viel mehr Erfahrung, Ausstrahlung, Souveränität. Wenn du etwas hörst wie »du bist mir aber zu alt«, fang bloß nicht an, dich zu rechtfertigen oder für dich zu werben. Lach es einfach mit einem Grinsen weg oder sag etwas ganz

Unerwartetes wie: »Ja stimmt, ich könnte dein Vater sein. Darfst du überhaupt noch so spät alleine unterwegs sein?« Versuche nie, einen auf jugendlich zu machen, das können die wirklichen Jugendlichen besser. Sei stolz, dass du so bist, wie du bist und das Junge hinter dir gelassen hast. Es ist dazu extrem hilfreich, eine Haltung wie James Bond zu haben. Egal, was du jetzt redest, früher oder später landest du doch in meinem Bett. Und kannst du dir einen James Bond-Darsteller vorstellen, der 28 ist? Denk mal darüber nach ...

Aber auch für Frauen ist es immer normaler, mal jüngere Männer zu treffen. Probiere es einfach aus!

Gemeinsamer Invest

Von Anfang an sollten beide Partner den Dating-Prozess auf jeweils ihre Weise vorantreiben. Wenn du das Gefühl hast, du bist der Einzige, der wirklich eine Beziehung will, ist der andere vielleicht doch nicht so verliebt und genießt schlicht die Aufmerksamkeit. Das ist vermutlich dann nicht wirklich in deinem Interesse. Auch gilt wieder: Taten zählen mehr als Worte.

Natürlich gibt es hier noch eine sehr starke Rollenverteilung. Oft bzw. in der Regel zahlt der Mann das erste Date und sicherlich auch mehr. Das heißt aber nicht, dass du eine Frau 30 Mal einladen musst. Es soll Frauen geben, die noch nie in ihrem Leben ein Essen bezahlt haben ☺.

Ghosting

Ghosting ist mit das Übelste, was einem jenseits von direktem Schaden passieren kann. Ghosting ist nicht, wenn man sich nach einem unspannenden ersten Date nicht mehr meldet. Ghosting ist wie eine Betonwand bei voller Fahrt. Du denkst, alles läuft super, über mehrere Wochen oder Monate Dating und Beziehung. Und plötzlich bricht aus dem Nichts der Kontakt ab.

Das nächste Treffen wird abgesagt. Und nicht nur das. Es gibt auch keinerlei Möglichkeit zur Kommunikation mehr, weil der Kontakt komplett ignoriert oder sogar geblockt wird. Für unser Gehirn, das sich noch Konsistenz sehnt und Einheitlichkeit der Wahrnehmung, ist das der pure Horror. Von der Seele mal ganz zu schweigen. In aller Regel zweifelst du an allen und denkst darüber nach, was du selber falsch gemacht hast, weil es ja nur noch dich selber gibt. Wenn dir das passiert: Erst einmal herzlichen Glückwunsch, dass du diesen Menschen losgeworden bist. Mit jemandem, der nicht kommuniziert, kann man keine Beziehung führen. Und es liegt nicht an dir. Ghoster sind selber völlig zerrissen, haben ein sehr niedriges Selbstwertgefühl und können sich nicht vorstellen, dass man sie lieben kann, so wie sie sind. Der Grund für Ghosting besteht oft in Bindungsstörungen, ein ordentliches Maß an Egozentrik und Konfliktvermeidung sowie mangelnde Zuneigung. Unter Umständen ist auch einfach nur der Ex-Partner wieder auf der Bildfläche aufgetaucht, und man will sich unangenehme Gespräche ersparen. Der Ghoster steckt selber voller Schmerzen und gibt diese dann leider leicht weiter. Ein kleiner Trost ist vielleicht: So, wie du dich jetzt fühlst, fühlt sich der Ghoster immer. Es ist etwas, das er wohl auch selbst erlebt hat: die miese Ego-Strategie des Strafens durch Kontaktentzug.

Wie geht man damit um? Nun, es gibt nicht viele Möglichkeiten. Zunächst sei lieb zu dir selbst und verzeihe dir, wenn du mal für einen Tag zum Stalker wirst und dein Gegenüber mit SMS zuschüttest. Dann lass es aber komplett sein und versuche, dir selbst die Aufmerksamkeit und Zuwendung zu geben, die du von woanders gerade nicht mehr bekommst. Richte deine ganze Energie nur noch darauf, dich wieder in die Mitte zu bekommen. Wenn du nach einer Woche immer noch nichts gehört hast, sende EINMAL folgenden Text: »Wir müssen reden.« Dieser offene Text hat diverse Funktionen. Erst einmal löst er viele Fragezeichen aus und macht neugierig. Dann hat der Ghoster vielleicht doch die Hoffnung, dass er in seiner ganzen Zerrissenheit gehört wird, und findet unter Umständen genug Gründe, sich doch noch mal zu melden. In der Zwischenzeit wirst du vielleicht ohnmächtige zerstörerische Wut fühlen. Auf gar keinen Fall packst du diese Wut in eine SMS. Damit begibst du dich auf das gleiche Niveau und du schadest nur dir selbst und deinem Karma. Schick dem Ghoster »weißes Licht« hinterher, vergiss ihn und date sofort neue Menschen. Lösche alle Nummern, alle Bilder, alles, was dich an ihn erinnert. Weiteres findest du im Kapitel Liebeskummer, S. 151.

Dating Frust

Wenn du dich vom Daten erschöpft und frustriert fühlst, fahr mal einen Gang runter bzw. mach mal ein paar Wochen Pause. Eventuell kannst du auch dein Online-Profil ändern, neue Fotos machen, die Plattform wechseln.

Rechne damit, dass du insbesondere online viele, viele Menschen treffen musst, bevor etwas passt. Deshalb ist es auch so wichtig, nicht zu viel Zeit zu verschwenden, wenn gleich schon am Anfang Schwierigkeiten auftauchen.

Mach dein sonstiges Leben immer interessanter (auf meinem YouTube-Kanal kursiert dazu der Begriff »Mach dein Leben nais-geil!«). Investier in Freunde, Gesundheit von Körper und Seele, deine Arbeit, deine Werte. Beziehung sollte nicht sooo wichtig sein, eher das Sahne-Häubchen.

7 Verliebtheit

Als ich das erste Mal überlegte, ein Buch zu veröffentlichen, wollte ich es nur über Verliebtheit schreiben. Es ist für mich eine der schillerndsten Erfahrungen, die es überhaupt gibt. Nichts ist so intensiv, wunderschön, fantastisch. Und gleichzeitig kann einen Verliebtheit komplett verunsichert zurücklassen und die tiefsten Verletzungen in Nullkommanichts aufdecken. Auch kann Verliebtsein eine der größten (Ent-)Täuschungen sein, die es gibt. Sie holt unsere Schutzmauern in einem Ruck herunter, und das kann sich beängstigend anfühlen.

Gleichzeitig kennen wir den anderen oft gar nicht und müssen Vertrauen eigentlich erst aufbauen. Zusammengefasst kann man sagen: Es gibt viel zu gewinnen, aber auch viel zu verlieren. Dieser ganze Prozess ist letztlich extrem anstrengend, dazu kommt unter Umständen noch der wenige Schlaf und das wenige Essen ☺.

Es gibt so völlig verschiedene Aspekte in der Verliebtheit. Manche sagen, Verliebtsein ist reine Projektion. Wir projizieren unsere Wunschvorstellung von einem Partner auf einen ganz normalen Menschen. Da ist ganz bestimmt auch Wahrheit drin. Aber wir könnten nicht auf jemanden projizieren, wenn es da nicht wirklich etwas gäbe, das auch dieser Wunschvorstellung entspricht. Ich finde eigentlich die Sichtweise schöner, dass wir in der Verliebtheit den Menschen in einer Weise sehen, wie er idealerweise sein kann. Wir sehen all seine Entwicklungsmöglichkeiten. Und er unsere. Das ist wirklich magisch. Und wenn man noch weitergeht, kann man auch sagen: In der Verliebtheit haben wir bereits die Beziehung neuen Typs, auf die hin wir uns entwickeln dürfen. Totales Im-Moment-Sein, sein Bestes geben, keine Erwartungen haben, kein »Zwangs«-Commitment und vieles mehr.

Es ist manchmal schwer, Paaren zu helfen, die keine intensive Verliebtheitsphase hatten. Dann fehlt unter Umständen die Vision davon, wie es sein könnte.

»Normales« Verlieben

Wenn beim Kennenlernen alles prima läuft, folgt natürlich typischerweise – aber nicht immer – die Verliebtheit. Männer sind das visuelle Geschlecht und können sich auf den Punkt genau in eine Frau verlieben. Frauen verlieben und »entlieben« sich manchmal langsamer als Männer. Man sagt, dass es als Minimum sieben Wochen braucht, bis eine Frau komplett verliebt ist. Dieser Unterschied schafft Probleme, die ich im Kapitel Dating (siehe S. 51) beschrieben habe. Wie ist das bei dir?

Beim Verlieben gehen eine Vielzahl von Prozessen im Gehirn vor. Im Gehirn-Scan sieht das ähnlich aus wie bei der Einnahme von Kokain. Adrenalin wird gesteigert und auch das Glückshormon Dopamin, das auch durch Schokolade-Essen stimuliert wird. Serotonin vermindert sich, was manchmal zu quälend obsessiven Gedanken mit dem Objekt der Begierde führt. Bei Männern senkt sich der Testosteron-Level, was zu mehr Emotionalität führt. Bei Frauen steigt es und zeigt sich in viel Lust auf Sex. Man könnte sagen, die Geschlechter nähern sich an, um die Verbindung zu erleichtern.

Typischerweise rät man dem Mann (kann aber auch je nach Konstellation die Frau sein) immer, etwas Gas rauszunehmen und der Frau Zeit zu geben. Keinesfalls sollte man(n) Beruf oder andere Aktivitäten völlig vernachlässigen. Denk immer daran: Gefühle wachsen in der Abwesenheit. Es gibt keine schöne Musik ohne Pausen. Deshalb ist weniger oft mehr. Weniger Treffen, weniger SMS, weniger Anrufe, weniger Ausschütten von Gefühlen. Jetzt sagst du vielleicht: Quatsch! Ich lasse meinen Gefühlen immer freien Lauf! Sieht man doch in jedem Film, Sonntag abends um 20:15 Uhr im ZDF. Das rät dir bestimmt auch deine beste Freundin. Es stimmt nur nicht!

Die Gründe dafür liegen in der Biologie. Wir wollen alle Partner mit dem höchstmöglichen Status haben. Und permanentes »auf den Sockel stellen« und Super-Begeisterung kommunizieren leider: »Dein Status ist höher als meiner.« Aber das will niemand. Insofern ist es klar, dass du besonders Probleme bekommst, wenn du oberhalb deiner Liga datest (wobei es streng genommen nicht wirklich diese Ligen gibt).

Natürlich solltest du auch nicht in das andere Extrem fallen und so tun, als wenn du total cool wärst und letztlich kalt kommunizierst. Auch das wäre nicht authentisch und kann den anderen, insbesondere einen sicher gebundenen Partner, eher abtörnen.

Es kann auch passieren, dass plötzlich heftige Ängste, Misstrauen usw. auftauchen. Prüfe zunächst, ob es sich nicht um eine Entladung deines eigenen Schmerzkörpers handelt, bevor du dein Gegenüber damit konfrontierst. So vermeidest du bestimmt unnötige Dramen.

Versuche nicht, schneller in die Beziehung oder ein Commitment zu kommen, als es der »Flow« zulässt, nur um der Unruhe der ersten Phase zu entgehen. Lerne lieber – auch für die Zukunft – deine Ängste auszuhalten.

Verrate auf keinen Fall deine eigenen Grenzen, Regeln und Ideale, nur weil du verliebt bist. Ansonsten bist du gefangen in einer Phantasiewelt, und in der Realität schlägst du irgendwann hart auf.

Toxisches Verlieben

Das Gemeine beim Verlieben ist, dass es durchaus auch extrem toxisch sein kann. Bei jedem normalen Verlieben lebst du – wie oben beschrieben – etwas in einer Phantasie-Welt. Bei *toxischer Verliebtheit* ist dieser Prozess nochmals fünfmal so stark. Es ist eine Art Schockverliebtheit: Auf den Punkt glaubst du, mit absoluter Sicherheit, exakt den richtigen Partner auf magische Art gefunden zu haben. Es fühlt sich an wie der Seelenpartner, eine direkte Verbindung im Himmel.

Wenn die Dinge zu schön sind, um wahr zu sein, sind sie oft schlicht nicht wahr. Diese Art von Verliebtheit basiert quasi nur auf deiner Phantasie und hat viel damit zu tun, dass sich die »inneren Wunden« der beiden Partner anziehen. Das »Innere Kind« ist hier oft am Werk und versucht auf eine ungünstige Art, diese zu heilen (dazu später mehr im Buch, S. 191). Du kannst schlicht und ergreifend nicht jemanden so kennen, den du quasi gerade erst getroffen hast. Der Anteil an Projektion deiner Sehnsüchte liegt hier quasi bei 100 %.

Wenn es nur noch obsessives Denken gibt und sich das Ganze wie eine Sucht anfühlt, solltest du mal überlegen, was hier eigentlich los ist.

Verschmähte Liebe

Insbesondere Verliebtsein, anders als Liebe, deckt gnadenlos jede unserer Schwächen auf. Selten fühlen wir uns so verwundbar. Scheinbar hat man auch keine Wahl, ob wir uns in jemanden verlieben oder nicht. Ich sage bewusst scheinbar, da ich sicher bin, dass wir – tief drinnen – uns genau in die Menschen verlieben, die eine bestimmte Aufgabe für uns haben, selbst wenn sie davon nichts wissen und wir nur etwas projizieren. Es kann sein, dass man lernen darf, was »Nicht-Liebe« und alte Traumata sind; oder dass du wirklich dein Ego im schönen Zusammensein abschleifen darfst. Du kannst diese Verwundbarkeit einigermaßen bis gut ertragen, wenn deine Gefühle zumindest etwas erwidert werden. Schlimm wird es erst, wenn das nicht der Fall ist oder die betreffende Person noch gar nichts davon weiß.

Wenn Letzteres der Fall ist, empfehle ich, die Person einfach um ein Date zu fragen und nicht gleich die ganzen Gefühle auszuschütten. Also nicht anfangen mit: »Übrigens, ich habe mich in dich verliebt.« Du überforderst den anderen sonst damit. Wenn es jemand ist, der nicht »date«-bar ist, kann es tatsächlich eine Option sein, das anzusprechen, aber nur um es eigentlich loszuwerden. Du solltest dir das aber wirklich überlegen, weil es für den Gesprächspartner doch eine Bürde sein kann.

Worauf ich hier aber eigentlich hinaus will, ist, dass es für bestimmte Menschen ein Horror sein kann, sich in so einer Situation zu befinden. Es sind dies Menschen, die schon als Kind unterversorgt oder vernachlässigt wurden und ein unsicher-ambivalentes, überaktiviertes Bindungssystem haben. Für diese wiederholt sich (unbewusst) die Situation, unbeantwortet zu lieben. Das kann unfassbare Schmerzen hervorrufen, die nur mit Liebeskummer zu vergleichen sind – ohne dass es auch nur ein Dating gegeben hat. Man nimmt nur noch Mangel war und kann an nichts anderes mehr denken. Dazu kommt noch eine große Scham darüber, dass man scheinbar so irrational agiert. Diese Gefühle verzweifelter Liebe können durchaus bei Menschen entstehen, die man eigentlich gar nicht kennt, vielleicht nur ab und zu ganz kurz sieht.

Auch hier bietet dir der nicht vorhandene Partner den Spiegel an und zeigt dir die Stelle, an der du noch weiter wachsen darfst. Wie immer ist die Lösung nicht »da draußen« zu finden, es ist auch kein anhaftendes Pech, du kannst es nur innen in dir lösen. Der erste Schritt dafür ist, dass du lernst, wirklich liebevoll mit dir umzugehen. Letztendlich musst du dir selbst die Liebe geben, die du beim anderen so verzweifelt suchst. Dennoch kann es Zustände geben, die einfach furchtbar sind und bei denen du therapeutische Hilfe brauchst.

Das Gegenstück zu dieser Liebessucht ist übrigens die Bindungsangst. Man sagt oft (und ich finde, das stimmt), dass liebessüchtige Menschen tief drinnen bindungsängstlich sind (warum sonst suchen sie sich Partner, die nicht zu haben sind). Entsprechend gilt auch, dass »Bindungsängstler« in ihrem Innersten oft verlustängstlich sind (warum sonst suchen sie sich Menschen, die an ihnen kleben). (Mehr dazu im Kapitel über Bindungsmodelle, S. 15).

8 Die ersten 100 Tage

Ganz allgemein gilt der wunderschöne Satz: »You can't enter too slow into a relationship!« – »Du kannst nicht zuuu langsam in eine Beziehung gehen ...«

Eines der größten Probleme am Anfang ist der Druck, den einer der Partner vielleicht ausübt (oft sind es die Männer). Derjenige, der verknallter ist, gerät leicht zu sehr in die »Unten-Position« in der Beziehung. Der andere ist in der »Oben-Position« und gibt das Tempo vor. Wenn du der Verliebtere bist, gib der anderen Zeit, in ihrem Tempo auf dich zuzukommen.

Geduld ist eine der wichtigsten Eigenschaften in dieser Zeit, insbesondere wenn du von deinen eigenen Gefühlen überma(n)nt wirst. Lieber erst einmal etwas zurückhalten, aber das betrifft nur die Phasen, in denen ihr euch nicht seht. Auf einem Date kannst du auch mal Vollgas geben. Wenn du dich gut fühlst, gibt es keinen Grund, das nicht auszusprechen (aber bitte nicht alle 5 Minuten).

Ich hatte Paare, die sich Sex aufsparen wollten, zum Beispiel für die Ehe. Die Wirkung ist eine Katastrophe, ehrlich gesagt. Erstmal findet man viel zu spät heraus, ob man überhaupt zueinander passt. Und dann versaut man sich den natürlichen Ablauf von Verführung und damit sein ganzes Sex-Leben. Also, es ist okay damit zu warten, aber irgendwie geht es beim Dating ja letztlich um Sex. Das nie zu tun, geht dann doch irgendwann gegen den flow.

SMS & Telefon

Es ist natürlich wunderbar, immer mal eine verliebte *SMS* mit 20 Herzen zu bekommen. Haltet euch aber lieber etwas zurück damit, bis ihr beide komplett verliebt sein. Du kannst leicht eine noch frische Beziehung »kaputt-texten«. Insbesondere Männer, die am Tag 50 SMS schreiben, am schlimmsten noch mit irgendeinem Angeber-Kram (Fotos vorm Spiegel, »habe gerade am Airport eingescheckt«, »gehe gerade ins Bad«), kommen schnell komplett lächerlich rüber. Das gilt insbesondere, wenn du in der »Unten-Position« bist und mehr willst. Als Mann musst du in der Regel nur die ersten zwei bis drei Dates initiieren …, ab dann kommt eigentlich die Frau meist mehr auf dich zu. Wenn du eine Regel brauchst, probiere diese aus: Mach nie schon das nächste Date auf einem aktuellen Date fest. Warte danach, bis die Frau sich in irgendeiner Weise wieder meldet, und mach dann sofort das nächste Date aus. Geh dann eher weg von SMS und Telefon, aber antworte immer auf ihre Kontaktaufnahmen.

Die Frau ist der Profi, was Bindungen schaffen angeht! Ein Auto kaufst oder verkaufst du auch nicht am Telefon. Die Beziehung wird über Sich-Sehen vorangetrieben, die Gefühle wachsen aber in der Zeit, wo mal Schweigen und Nicht-Sehen vorherrschen (besonders bei der Frau). Insofern verpasst du nichts, wenn du dich mal einen Tag oder ein paar Stunden nicht meldest. Du solltest aber nie eine Kontaktaufnahme komplett unbeantwortet lassen, das tut nur unnötig weh. Wenn du eine SMS schreibst, warte! Dating ist wie Tennis! Du spielst den Ball in das andere Feld und dann muss der Partner zurückspielen! Sonst spielst du irgendwann nur noch mit dir allein.

Eine grobe Daumenregel heißt: 60–80 % der Kontaktaufnahmen (SMS, Telefon) sollten von dem »Oben-Partner« (in der Regel anfangs die Frau) erfolgen. Wenn es sich um eine Ex-Back-Situation oder eine Beziehungspause handelt, sogar bis zu 100 %. Ich weiß, das klingt paradox und ist genau das Gegenteil von dem, was du eigentlich tun willst. Aber das sorgt dafür, dass sich der »Oben-Partner« mehr engagiert, ins

Gleichgewicht kommt und investiert, und das wiederum bedeutet, das beide gleich verliebt bleiben – das willst du doch, oder?

Führt keinesfalls eine SMS-Beziehung, bei der ihr euch über alles stündlich informiert. Was wollt ihr denn dann auf einem Treffen besprechen? Das ist total langweilig!

Geschenke

Klar können kleine Aufmerksamkeiten liebevoll sein. Vielleicht bringt dir deine Freundin einen Muffin mit oder du ihr eine Blume, die du unterwegs gesehen hast. Aber Vorsicht bei *größeren Geschenken*. Das kommt leicht so rüber (auch wenn es keiner will), als wenn Sex gekauft wird. Oder als wenn du selbst nicht ausreichst, es muss noch ein Kamel oben draufgelegt werden. Je länger ihr erfolgreich zusammen seid, umso größer dürfen auch mal die Geschenke sein. Aber lasst Luft nach oben, weniger ist hier oft mehr.

Freund und Familie

Als eine grobe Faustregel empfehle ich, erst einmal zwei Monate *Familie und Freunde* außen vor zu lassen. Die Beziehung muss sich zunächst festigen. Nichts kann störender sein als eine Freundin oder ein Kumpel, der sofort den neuen Partner schlecht macht, bevor du richtig verliebt bist. Und es entsteht zu viel Druck, als ob ihr zusammenbleiben »müsst«, nur weil die Eltern einen schon kennen.

Wenn es eigene Kinder gibt, wird man sicher auch ein paar Monate warten. Kinder können sich schnell an jemanden gewöhnen und dann sehr enttäuscht sein, wenn die Beziehung doch nicht stabil ist. Man kann aber auch mit Kindern ein »Zero«-Date machen, das heißt, man lernt sie einmalig kennen, aber ohne dass es darum geht, gleich als neuer Partner vorgestellt zu werden. Man kann sich mal beschnuppern und schauen, ob man sich gegenseitig mögen könnte.

Gewohnheiten

In den ersten Monaten werden die Standards einer Beziehung verhandelt, ob bewusst oder unbewusst. Ich kann nur empfehlen, das direkt anzugehen. Scheue dich nicht zu sagen, was du brauchst, um dir eine gute Beziehung vorstellen zu können, bleib aber immer locker und spielerisch. Mir ist zum Beispiel in Beziehungen wichtig gewesen, dass es absolute Loyalität gibt. Ich erwähne das vielleicht in einem Nebensatz, etwa: »Es gibt so viele Paare, bei denen einer fremdgeht. Ich würde das nicht eine Nacht tolerieren.« Die Botschaft wird beim Gegenüber klar ankommen. Sage immer, wenn es dir zu schnell geht oder du dich doch zu sehr eingeschnürt fühlst. Das kann die obligatorische Guten-Morgen- oder Gute-Nacht-SMS sein, oder dass jedesmal alles erzählt werden muss, was du ohne den Partner so treibst. Wenn ihr verliebt seid, seid ihr bereit, mehr beim Partner zu akzeptieren. Nutzt das! Überlegt euch immer, ob ihr das langfristig durchhalten könnt, was ihr jetzt macht.

Sprecht nicht so viel über die Zukunft! Je mehr ihr schon plant, was in einem Jahr passieren soll, desto unwahrscheinlicher ist es, dass ihr das auch erreicht. Liebe findet im Hier und Jetzt statt! Genießt einfach jeden Meter des Weges, egal wo er hinführt.

Rote Flaggen

In den ersten 100 Tagen siehst du auch (wenn du es sehen willst!), wo der Partner *grobe Mängel oder Macken* hat. Ich kann nur sagen, achte darauf! Insbesondere wenn es sich um Menschen handelt, die du vor den Dates nie gesehen hast! Ich weiß, es ist schwer, wenn du komplett verknallt bist. Mach dir gerne eine Liste des (fast) perfekten Partners und gleich diese Liste ab. Ich habe nur schlechte Erfahrungen damit gemacht, diese Dinge zu ignorieren. Frage sonst einmal deine beste Freundin oder jemanden, dem du vertraust, wie sie / er die Situation einschätzt, dann bekommst du vielleicht eine unabhängigere Meinung. Herauszufinden gilt es zum Beispiel, ob der andere total unsicher agiert und zum Stalker werden könnte. Gibt es Ausbrüche von Wut? Kommen dir Sachen irgendwie komisch oder inkonsistent vor? Verschwindet dein Partner plötzlich für Tage? Kommt euer Sex nicht in Gang? Zeigen sich psychische Probleme oder Abhängigkeiten? Natürlich kannst du bei jedem Menschen bleiben, wenn dein Herz dir das sagt. Aber denk bitte NIE, dass du einen anderen Menschen aus etwas »herauslieben« kannst nach dem Motto: »Das wird sich schon noch verbessern.« Du kannst niemanden ändern. Dein Partner muss und soll nicht perfekt sein, aber wenn du meinst, du müsstest ihn erst so formen, dass es passt, läuft von vornherein irgendetwas garantiert falsch. Schaut euch meine Videos an, da sind viele Zuschauerfragen zu Dating-Situationen, die von Anfang an irgendwie »off« waren.

Es ist nicht (!) empfehlenswert, viel über vorangegangene Beziehungen zu reden, aber ein grober Überblick ist schon ganz nett. Wenn jemand immer nur maximal halbjährliche Beziehungen hatte, ist es zum Beispiel extrem unwahrscheinlich, dass das bei dir anders wird. Past events form future trends!

On the rebound / Trost-Beziehungen

Wenn du auf Online-Dating-Plattformen unterwegs bist, wirst du auf viele Menschen treffen, die gerade aus einer Langzeitbeziehung kommen oder sogar noch in der Trennungsphase stecken. Sei vorsichtig mit diesen Menschen. Es braucht 20 – 30 % der Zeit der vorangegangenen Beziehung, um wirklich wieder frei zu werden. Ich weiß, das willst du eigentlich nicht wahrhaben, wenn du gerade raus bist und denkst, ich will nur eben mal jemand Neues kennenlernen! Du kannst gerne diese Menschen daten, aber: Mach dich auf starke Emotionen und Richtungswechsel gefasst. Wenn ein Dating-Partner plötzlich verschwindet oder nicht weitergehen will, ist oft doch wieder der Ex-Partner auf der Bildfläche erschienen. Sei dann nicht sauer und bleib geduldig, sie werden es sicherlich wieder schnell vor die Wand laufen lassen und dann seid ihr erneut am Start.

Den besten Sex erlebst du manchmal mit Menschen in diesen Situationen, weil sie so ausgehungert sind, sich so nach Leidenschaft und Nähe sehnen. Wenn sie plötzlich wieder verschwinden, freu dich, dass es die schönen Tage gab und sei nicht traurig.

Wissenschaftlich gibt es übrigens überhaupt keine Hinweise darauf, dass Beziehungen, die sehr kurz nach einer Vorbeziehung starten, schlechter oder kürzer verlaufen. Dennoch empfehle ich nach einer Ehe eine Zeit, in der man sich erst einmal findet und nicht gleich wieder fest bindet (bei toxischen Beziehungen sollte man unbedingt eine Pause machen). Ich kenne so viele Männer, die sich aus der Enge einer Ehe befreit haben, nicht alleine sein können, sofort in eine neue Beziehung stürzen, wieder sofort ein Kind bekommen und in exakt der gleichen Situation landen ... nur diesmal mit Patchwork-Familie und obendrein fast pleite.

Die atmende Beziehung

Es ist nicht nur gut, die Dinge langsam anzugehen. Auch der Rhythmus ist wichtig. *Nähe, Entfernung* – sich sehen, eine Pause machen. Auch unsere Glücks- bzw. Beziehungsrezeptoren sind auf Wechsel ausgerichtet. Jeden Tag nur Kaiserschmarrn macht keinen Spaß bzw. du schätzt ihn nicht mehr. Sonne kannst du viel mehr genießen nach einem Regentag.

Das Paartherapie-Urgestein Jürg Willi ist sogar nach seinem Ruhestandsbeginn noch jeden Tag 8 Stunden aus dem Haus gegangen – um diesen Rhythmus beizubehalten. Denk da mal darüber nach, auch wenn du total verliebt bist.

Was ist, wenn der Partner sich zurückzieht?

Eine gesunde Beziehung baut sich auf – und nicht *ab* über die ersten Monate. Wenn sich plötzlich einer deutlich mehr *zurückzieht*, ist das kein gutes Zeichen. Es ist auch keineswegs banal. Es kann ein erster

Hinweis auf eine ungesunde Beziehungsdynamik sein. Ich würde ein solches Verhalten zunächst möglichst neutral ansprechen und fragen, ob es einen bestimmten Grund gibt. Das kann ja mal sein. Es ist ja auch möglich, dass du doch zu schnell zu viel wolltest.

Keinesfalls solltest du dann dem anderen hinterherrennen. Es ist viel »schlauer«, sich in einem solchen Fall selber auch zurückzuziehen. Dein Partner weiß ja eigentlich, dass du mehr Nähe möchtest. Aber er spürt zugleich, dass du nicht alles mitmachst. Das an sich ist schon wieder attraktiv.

Die ersten 200 Tage

Interessanterweise enden viele Beziehungen nach ungefähr 8 bis 9 Monaten oder etwa *200 Tagen*. Woher kommt das? Nun, es ist in etwa die Zeit, in der die Bindungsstile und alten Bindungstraumata voll durchschlagen bzw. der Schub der ersten Verliebtheit abebbt (zumindest für einen der beiden Partner, denjenigen, der weniger will). Nach 100 Tagen kennst du so in etwa »die Macken« des Partners, und falls es Inkompatibilitäten geben sollte, hast du sie bestimmt schon bemerkt, aber willst es noch nicht so richtig wahrhaben bzw. beide wollen das unter Umständen nicht sehen. Nach 200 Tagen ist das Bild vom anderen aber eigentlich klar. Wenn die Beziehung diese Hürde relativ problemlos überschreitet, kann es eine längere Beziehung werden.

9 Die Dinge einfach halten / Grundpflegeprogramm

Bei der Kommunikation – wie bei allem im Leben – ist es wichtig, die gesunde Mitte zu finden. Man kann durchaus »zu viel« reden. Auch früher hatten Menschen (bevor es überhaupt irgendwelche Bücher gab) Beziehungen – und sind auch irgendwie zurechtgekommen.

Das Wissen, das es heute über Liebe gibt, ist sicherlich revolutionär. Dennoch bleibt es gut, immer wieder auf die Basis zurückzukommen. Und die ist eigentlich vom ersten Date an die gleiche: Beide Partner unternehmen vertrauensvoll etwas Spannendes miteinander, haben eine Menge Spaß dabei, und alles Weitere (insbesondere die körperliche Ebene) entsteht meistens fast direkt daraus.

Das, was ich das *Grundpflegeprogramm* für Paare nenne, beinhaltet daher zum einen, dass du jede Woche mindestens ein richtiges Date hast (bei kleinen Kindern jede zweite Woche). Wenn du meinst, das geht nicht, bist du nicht ehrlich zu dir selbst. Denn es geht praktisch immer, und wenn nicht, solltest du die Ursachen dafür finden.

Ein Date in einer Beziehung ist das Gleiche wie vor einer Beziehung: Einer von euch beiden denkt sich etwas Lustiges aus (es sollte nicht immer der »Stamm-Italiener« sein), irgendetwas zwischen Nachtwanderung, Boxkampf gucken, das mongolische Restaurant ausprobieren – und nimmt den anderen mit. Auf einem Date geht es nur darum, Spaß zu haben, es ist nicht der Ort, Probleme zu wälzen oder Beziehungsgespräche zu führen.

Der zweite Teil des Grundpflegeprogramms besteht darin, jeden Tag mindestens 20 Minuten, besser 30 Minuten zu reden. Das macht ihr am besten im Rahmen einer bestimmten Gewohnheit oder eines Rituals, zum Beispiel: Wenn beide zuhause sind, wird erst einmal ein Tee zusammen getrunken. Der Sinn dieser halben Stunde ist es, dass jeder sich von der Seele reden kann, was er alles erlebt hat. Hier ist auch Platz für Irritationen oder Probleme, die ihr in der Beziehung habt. Ich empfehle bei diesen Gesprächen, vor allem zunächst zuzuhören und den Partner zu verstehen, und nicht gleich nach Lösungen zu suchen oder dem Partner sofort die eigene Sichtweise um die Ohren zu hauen.

Vor allem für Frauen ist es oft wichtig, ihre Probleme redend zu bearbeiten. Es braucht dafür auch nicht zwingend jemanden, der sie unmittelbar für sie löst (das ist so ein Männerding). Allein das Zuhören ist Gold wert.

Dieses Grundpflegeprogramm erscheint vielleicht sehr simpel – die positiven Auswirkungen über die Jahre werden aber massiv sein. Fast alle Paare, die zu mir in die Praxis kommen, reden entweder nicht mehr miteinander und / oder haben keine gemeinsamen Dates mehr.

10 Kommunikation

Authentizität & Ehrlichkeit

Es gibt so viele Möglichkeiten, Beziehungen zu gestalten. Du bist dabei VÖLLIG FREI. Lies das bitte nochmal! Du bist dabei VÖLLIG FREI. Du musst dich nicht an alte Regeln halten, die noch in deinem Kopf herumgeistern. Beziehungen von morgen sind Spielwiesen, alles auszuprobieren. Es gibt aus meiner Sicht nur drei Regeln dabei:

- *Radikale Ehrlichkeit* – Wesentliche Informationen zu dir persönlich und auch zu gewünschten Änderungen des Beziehungs-»Vertrages« sind zu kommunizieren.
- *Radikale Akzeptanz* – Versuche nicht, deinen Partner zu ändern, zumindest in großen Dingen.
- *Gleiches Recht für alle* – Was du haben willst, musst du auch dem anderen zugestehen.

  Was bedeutet das konkret? Nehmen wir mal an, du bist in einer »normalen« exklusiven langjährigen Beziehung. Du stellst fest, dass du gerne noch einmal mit einer anderen Frau schlafen möchtest. Nach diesen Regeln machst du keine heimliche Affäre. Du kommunizierst deinen Wunsch (ja, das erfordert echt Mut!). Jetzt gibt es drei Möglichkeiten:

  - Deine Partnerin akzeptiert dies und kann dann aber auch mit einem anderen Mann schlafen.
  - Sie akzeptiert es nicht und du verlässt die Beziehung.
  - Sie akzeptiert es nicht, dir ist die Beziehung wichtiger, und du begräbst den Wunsch.

Alles andere ist letztlich nicht das, zu dem wir fähig sind – und was der Partner auch verdient hat.

Es geht nur um Kontakt

Es dürfte wohl für niemanden ein Geheimnis sein, dass Kommunikation einer DER Schlüssel für eine erfolgreiche Beziehung darstellt. Ich benutze dennoch sehr gerne den Begriff *Kontakt* – weil das, was wir eigentlich vom Partner wollen, der intensive Moment von Nähe und Verstandensein ist. All die Kommunikation, die Bindungsstile, das ganze Drumherum sind nur Vehikel, diesen Kontakt herzustellen.

Kontakt ist ein Begriff aus der physischen Welt. Ein Stein liegt auf einer Platte. Beide Gegenstände haben Kontakt. Sie vermischen sich nicht ineinander wie zwei Flüssigkeiten. Was braucht es also, damit Kontakt entsteht? Zwei eindeutig definierte Objekte mit klaren Grenzen, die sich berühren. Nicht anders ist es in einer Beziehung. Man braucht klare gesunde Grenzen, um überhaupt mit jemand anderem in einen Kontakt zu treten. Und um eine definierte Kontaktfläche zu haben, muss du wissen, wer du eigentlich bist, was deine Essenz, dein Wesen ausmacht, welche Wünsche du hast und welche Emotionen du gerade fühlst. Das ist mal die erste Voraussetzung. Die zweite Voraussetzung beinhaltet, dass du diese Kontaktfläche auch wirklich zeigst ... und damit wären wir bei dem Thema *Authentizität*. Wenn du auf irgendetwas wütend bist und sagst: »Nein, es ist alles in Ordnung«, bist du nicht authentisch. Wenn dir plötzlich andere Männer / Frauen wieder vermehrt auffallen als potenzielle Partner und du dich langsam innerlich entfernst und sagst: »Es ist alles in Ordnung«, ist das nicht authentisch.

Die Kontaktflächen der beiden Liebespartner sind vor allem definiert über Emotionen – das ist anders als in anderen Lebensbereichen. Wenn du verliebt bist, ist es relativ einfach, diese Gefühle miteinander zu teilen. Aber zuweilen liegen eben andere Gefühle oben, eher aus der negativen Ecke, und die wollen genauso geteilt werden (auf eine angemessene Art), damit der Kontakt entstehen und bleiben kann. Das können vielleicht Wut, Trauer, aber auch Kühle sein. Ich erinnere mich oft an ein Paar, das sich in einer Sitzung in die Augen geschaut und festgestellt hat, sich trennen zu wollen aufgrund der gefühlten Distanz – und die dann am gleichen Abend zum ersten Mal seit Jahren wieder Sex hatten.

Eine der Hauptaufgaben, aus meiner Sicht sogar die Hauptaufgabe von Paartherapie, ist es, diesen Kontakt wiederherzustellen. Dazu dienen all die Gespräche, Hausaufgaben und Übungen, die man dort macht.

Wie kommunizierst du?

Ich persönlich bin kein Freund von politisch und dauerhaft korrekter Paar-Kommunikation in einer Beziehung. Ich bin auch ehrlich kein Freund davon, in Gedanken immer das Vier-Ohren-Modell von Schulz von Thun (Sachinhalt, Beziehung, Selbstoffenbarung und Appell) innerlich mitlaufen zu lassen. Ich bin aber ein großer Fan von frischer, unzensierter, lebendiger Kommunikation. Aber: Das heißt nicht, dass du den anderen maßregelst oder unnötig verletzt. Es ist immer besser, »Ich«-Sätze zu verwenden (»Ich fühle«, »Ich wünsche mir, dass …«, und nicht die »Du bist ja immer …«-Kommunikation. Wichtig ist vor allem, dass du auch hier wieder authentisch bist – und das ist viel schwieriger, als du denkst.

Dein Partner vergisst vielleicht ein Date – und du reagierst wütend oder eingeschnappt. Aber ist das wirklich die zentrale Emotion, die sich auf den Sachverhalt des Vergessens bezieht? Kann natürlich sein. Oft aber haben wir sogenannte sekundäre Emotionen, die wie ein Schutz vor dem Eigentlichen liegen. Das könnte in diesem Beispiel dein Gefühl sein, dass du eigentlich total traurig und enttäuscht bist, weil du dich fragst, ob dein Mann dich noch liebt.

Der allergrößte Fehler ist aber – nichts zu sagen. Sachen runterschlucken, vorschnell akzeptieren, innerlich aufgeben. Das führt zu einem langsamen Ausbluten einer Beziehung. Und Nicht-Reden übersetzt sich auf Dauer in: keinen Sex mehr haben.

Schwierige Dinge ansprechen

Wenn es wirklich heikle Sachen sind, die dich selber betreffen, würde ich immer empfehlen, es direkt so rauszuhauen, wie du es einem Freund erzählen würdest. Und halte nichts zurück, es gibt nichts Schlimmeres als eine Salami-Taktik. Wenn es deinen Partner betrifft, ist es am besten, das Ganze in drei Schritten anzusprechen (hier am Beispiel »Müll rausbringen«):

1. Was habe ich genau wahrgenommen?
   (»Der Müll steht da noch.«)
2. Was löst das für Gefühle in mir aus?
   (Frust, Wut, Trauer)
3. Was schließe ich daraus?
   (»Dir ist es egal, welche Wünsche ich habe.«)

Dann weiß der andere schon, woher deine Schlussfolgerungen stammen. Und kann gegebenenfalls da eingreifen, wo er einen »Fehler« sieht. Das Beispiel ist vielleicht etwas banal zum Erklären, aber diese Feinheiten können in anderen Konflikten eine große Rolle spielen. Nehmen wir mal das Thema »Sex«:

1. Was habe ich genau wahrgenommen?
   (Der Sex wird weniger)
2. Was löst das für Gefühle in mir aus?
   (»Ich fühle mich nicht mehr geliebt.«)
3. Was schließe ich daraus?
   (Es geht langsam zu Ende mit der Beziehung.)

Der Partner kann jetzt überall einhaken:

- Ist der Sex wirklich weniger geworden?
- Wenn ja, gibt es dafür andere Gründe?
- Was auch immer es für Gründe gibt,
  ist die Schlussfolgerung richtig?

Was du dir immer wieder klarmachen musst: Du lebst einfach auf deinem eigenen Planeten. Der Partner hat auch seinen, und auf dem gelten andere Regeln. Sicherlich haben diese Planeten irgendeine Schnittmenge. Wenn ich also auf meinem Planeten etwas Bestimmtes so und so erlebe, kann das auf dem anderen Planeten komplett anders ausfallen. Das geht soweit, dass die Wahrnehmung von denselben realen Ereignissen manchmal eine völlig andere bis gegenteilige ist. Das ist besonders schmerzhaft. Aber es gibt keinen Video-Schiedsrichter, der nebenherläuft und sagt: »So war es wirklich!« (– und selbst der lebt ja wiederum auf seinem Planeten). Insofern sage ich immer gerne: Es gibt keine objektive Realität in einer Paarbeziehung. Nur Wahrnehmung A und B.

Die über- und die unteraktivierte Beziehung

Ein Aspekt, der mir in der Paartherapie regelmäßig auffällt, ist, dass es im Grunde zwei Sorten Paare gibt. Die einen sind gut befreundet, aber keine richtigen Liebhaber mehr (das nenne ich »unteraktiviert«), die anderen, die Liebhaber sind, sind aber kein wirkliches Team mehr (das nenne ich »überaktiviert«).

Die *unteraktivierten Paare* gelten von außen gesehen (zu Unrecht) als Traumpaare – man sieht nur die Harmonie. Das ist auch schön, und ein Team zu sein ist enorm praktisch, wenn man Kinder großzieht und gemeinsamen Besitz hat. Ich nenne sie auch die 80/20-Paare – 80 % passt, und was nicht passt, wird einfach unter den Tisch fallen gelassen. Das beinhaltet, wie du oben gelernt hast, natürlich auch, dass sie nicht auf den Punkt kommunizieren. Und das wiederum führt zu wenig bis gar keinem Sex. Oft ist diese Beziehung etwas eingefroren, man geht kaum noch aus, sitzt eventuell viel vor irgendwelchen Medien. Es fehlt eine Streitkultur, was auch dazu führt, dass, wenn sie in Schwierigkeiten kommen, sie sich oft plötzlich trennen. Die Trennung wiederum kann aber auch sehr »freundschaftlich« ablaufen.

Diese Paare dürfen lernen, sich wieder zu reiben, die Komfortzone zu verlassen, sich auseinanderzusetzen, Risiken einzugehen.

Die *überaktivierten Paare* sind genau das Gegenteil. Sie streiten sich wie die Kesselflicker, aber als Liebhaber klappt es noch. Die Beziehung ist häufig viel stabiler, als sie von außen erscheint. Das vermehrte Hin und Her in der Beziehung führt oft zu mehr Bindungskraft, und es gibt eine (wenn auch oft nicht so austarierte) Streitkultur.

Hier geht es eher darum, das Feuer etwas abzulöschen, die Streits konstruktiver zu führen, nicht so persönlich zu werden. Dieser Stil kann im Extremfall sehr erschöpfend sein. Manchmal ist in der ganzen Intensität nicht mehr zu entdecken, wie gut die Beziehung eigentlich wirklich ist.

Überaktivierte Paare haben besonders mit Endlos-Diskussionen zu kämpfen, bei der beide sich nur noch anfauchen und versuchen, sich gegenseitig zu verletzen, weil man selber so verletzt ist. Diese Art von erschöpfenden Streits, die zu nichts führen, sind unter allen Umständen zu vermeiden – man hat nur eine begrenzte Zahl davon, dann ist die Beziehung ausgelaugt.

Es ist natürlich viel leichter gesagt als getan, da auszusteigen. Aber ihr könnt zum Beispiel – wenn das häufiger vorkommt – eine Zeit vereinbaren, bei der ihr einfach aufhört (zum Beispiel 30 Minuten). Oder ihr kommt überein, nur im Badezimmer zu streiten – das hört sich vielleicht absurd an, aber es ist sehr wichtig, aus diesem DRAMA irgendwie erst einmal herauszukommen (weil es zu 95 % eher alte Wunden sind, die anders bearbeitet werden müssen), und das Ganze wieder etwas lockerer zu nehmen. Eine sehr witzige Übung ist auch, in »Enten-Sprache« zu streiten. Dabei rollt ihr die Zunge nach oben unter den Gaumen und sprecht so. Es hört sich an, als wenn eine Ente spricht. Ihr müsst sofort lachen. Probiert es mal aus!

Wenn ihr einmal drüber geschlafen habt, sieht die Welt in den meisten Fällen sowieso wieder anders aus und ihr seid aus diesem Trauma-Programm einmal mehr herausgekommen. Jedes Mal zählt.

Wenn du dich in einem dieser beiden Paar-Stile wiederfindest, kannst du vielleicht überlegen, wie du die andere Seite wieder mehr stärken kannst. Jedes Paar hat zumindest einen kleinen Schubs in eine der beiden Richtungen, das ist völlig normal. Jede Beziehung muss Freundschaft und sexuelle Leidenschaft unter einen Hut bringen – und das ist eine Meisterschaft, an der du ein ganzes Leben arbeiten kannst.

Jeder Bereich funktioniert – leider – nach anderen Regeln. Für die Freundschaft braucht es viel Harmonie, Verstehen, Verlässlichkeit, Ruhe – für den sexuellen Teil ist das natürlich auch nicht unwichtig, aber hier geht es – auch energetisch – um Auseinandersetzung, Unterschiedlichsein, das Spüren der Ecken und Kanten und der Kraft des anderen; darum, sich auch mal fremd gewesen zu sein und sich wieder anzunähern, Abstand zu überbrücken. Wie immer in Beziehungen (und überhaupt im Leben wohl) solltest du versuchen, Extreme zu vermeiden.

Es kann dabei manchmal leichter sein, eine überaktivierte Beziehung zu beruhigen, als einer unteraktivierten Beziehung wieder Feuer einzuhauchen. Je früher du gegensteuerst, umso einfacher ist es.

Polarität

Dieses Kapitel wirst du vielleicht sehr kontrovers finden. Es geht um die *Mann-Frau-Polarität*, ohne die meiner Ansicht nach keine Beziehung die sexuelle Ebene aufrechterhalten kann. Also um tief ins uns verwurzelte Erwartungen an das Verhalten von Männern und Frauen, die viel weiter zurückreichen als ein paar Jahrzehnte Gender-Politik. Es soll an dieser Stelle nicht um die tollen Ergebnisse der Emanzipation gehen (wobei ich manchmal denke, die Männer wären jetzt auch mal wieder dran, sich zu finden), sondern darum, das Männer und Frauen einfach unterschiedlich sind.

Eines gleich vorweg: Die Männlich-Weiblich-Polarität hängt nicht absolut am biologischen Geschlecht. Man könnte auch ganz andere Begriffe dafür verwenden, meinetwegen »Rolle A« gegenüber »Rolle B« in einer Beziehung. Diese Polarität gibt es übrigens genauso in homosexuellen Beziehungen, und auch in hetero-sexuellen Beziehungen kann es sein, dass die Frau den »männlichen« Part innehat und der Mann den »weiblichen« (ist aber selten). Das wäre auch eine gelungene Polarität.

Um zu verstehen, was Polarität beinhaltet, kann man zunächst schauen, wie sich eine mangelnde Polarität auswirkt.

Ein Mann, der nicht in seiner Polarität ist, steht nicht für sich ein, hat keine eigene Meinung, lässt sich umherschubsen, hat keine Mission im Leben, kein Rückgrat, kann schlecht alleine sein, fühlt sich im Grunde abhängig von der Frau.

Eine Frau, die nicht in ihrer Polarität ist, ist nörgelnd, hart, streitsüchtig, pushy, lässt ihre Launen am Mann aus.

Es ist in diesem Fall nicht so gemeint, dass Mann / Frau dann nicht seine oder ihre Polarität »kann« – die kann jeder, wenn sie nicht total abtrainiert wurde. Es ist eher so, dass diese »Symptome« Ausdruck des Frustes sind über die mangelhaft erlebte Polarität des anderen. Sobald jemand anfängt, sich mehr »polar zu verhalten«, ist dies automatisch eine Einladung an den anderen, es auch wieder zu tun.

Interessanterweise hat es, glaube ich, noch keine Frau auf meiner Couch gegeben (als Teil eines Paares), die sich nicht von ihrem Mann Rückgrat, Selbstbewusstsein, Klarheit, Entschiedenheit, Unabhängigkeit und Zielorientiertheit gewünscht hätte. Männer erhoffen sich von ihren Frauen Emotionalität, Weichheit, dass sie die Beziehung und das Umfeld »warm« machen, Liebe geben und empfangen, mitziehen; und lieben eher das Unerwartete, also das etwas Vage, Unkontrollierte in ihren Frauen.

Wenn einer der Partner nicht so in seiner Polarität lebt, kann es der andere auch nicht bzw. fällt mit heraus. Leider liefern insbesondere die Medien viele Beispiele von Männern, die sich außerhalb ihrer Polarität verhalten (z. B. Frauen hinterherlaufen, »Super-Dates« inszenieren, sich schlecht behandeln lassen, s. auch S. 62). Die Männer kopieren das – und wundern sich, warum es in der Realität nicht funktioniert.

Am meisten ist die Polarität beim Dating lebendig und spürbar. Die Frau sucht aus und liefert auch die »Labels« und den Beziehungsstatus. Der Mann hat sie aber mit Einladungen, Fragen, dem ersten Kuss, dem Initiieren von Sex zu »erobern«.

Respekt

Unauflöslich verbunden mit der Polarität ist das Thema *Respekt*, vor allem von der Frau zum Mann. Es ist eigentlich ganz einfach: Wen du nicht respektierst, den kannst du nicht (romantisch) lieben. Wir neigen alle dazu zu testen, wie weit wir bei einem Partner gehen können, wo seine Grenzen liegen. Wenn sich da keine finden, kann das eine ganze Zeit lang okay sein, aber irgendwann geht der Respekt »den Bach runter«, und damit auch die Liebe. Du solltest immer darauf achten, dass der Partner dich respektvoll behandelt. Wenn es damit Probleme gibt, kennst du entweder deine eigenen Standards nicht oder du bist schlicht zu abhängig.

Entscheidungen treffen

Es gibt einfache *Entscheidungen* (»gehen wir griechisch oder italienisch essen«) in einem Paarleben – und es gibt schwierige Entscheidungen. »Bekommen wir ein Kind?« – »Leben wir in Hamburg oder München?« – »Ziehen wir zusammen« usw. Da helfen einem simple Kompromisse wie zum Beispiel »diesmal Italienisch und nächstes Mal griechisch« nicht weiter. Hier braucht man wirklich eine gute Streitkultur. Bei großen Themen hat es sich vor allem bewährt, dass beide Partner nicht zu schnell nachgeben, sondern ihr wirklich solange diskutiert, bis beide mit der Lösung leben können. Diese Lösungen können dann komplex sein bzw. auf einer übergeordneten Ebene Sinn machen und sind wirklich maßgeschneidert für das Paar.

Bewährt hat sich auch die Übung »Das innere Team« von Schulz von Thun. Hier identifizierst du zunächst bei dir selbst, welche inneren Anteile oder Stimmen du bei einer Entscheidung hast. Du schreibst diese auf Karten und legst sie auf den Boden. Es gibt da vielleicht einen Zweifler, einen Abenteurer, einen Abhängigen usw. Das zeigt dem Partner, dass es beim anderen eben nicht nur ja / nein gibt, sondern jeder auch schon ein reiches Innenleben mit vielen Stimmen hat. Der Partner legt seine Karten dazu, ihr schaut, wo es harmoniert und wo es sich beißt. Ihr überlegt außerdem, welche inneren Stimmen gerade hilfreicher sind als andere. Der Kontakt, der dabei entsteht, erleichtert dann wieder die Lösungssuche.

Hilfreich ist auch, eine gemeinsame Phantasiereise in die Zukunft zu machen. Wie sieht unser Leben in 3 – 5 Jahren aus, mit Variante 1 oder 2? Wie genau wird ein solcher Tag in der Zukunft womöglich ablaufen?

Eifersucht

Über *Eifersucht* kann man endlose Abhandlungen schreiben. Es ist ein zutiefst menschliches Gefühl. In der romantischen Liebe willst du etwas vom Partner, willst ihn haben, dich sicher fühlen mit ihm, willst ein Monopol auf Intimität und Sex haben. Sicherlich mag es in der Zukunft möglich sein, dass die Menschen so von guter Selbstliebe erfüllt sind, dass sie keinerlei Besitzdenken an den Partner mehr brauchen. Aber die allermeisten von uns sind so nicht, und es muss auch nicht sein.

Die meisten Menschen empfinden »etwas« Eifersucht des Partners als eher angenehm und als Zeichen dafür, dass man dem anderen wichtig ist. Keinerlei Eifersucht ist eher irritierend.

Wenn Eifersucht allerdings ein großes Thema wird, läuft aber auf jeden Fall etwas schief. Die Gründe dafür können bei beiden Seiten liegen.

Es ist möglich, dass der Eifersüchtige ein zu strenges Besitzdenken hat und den Partner von jedem Außenkontakt abschneiden will; häufig aus eigener Unsicherheit, nicht gut genug zu sein.

Es kann aber genauso sein, dass der Partner tatsächlich illoyal handelt, etwa jedesmal mit der Kellnerin flirtet, Dinge verbirgt, unklare Kontakte zu Ex-Partnern pflegt. Dann ist Eifersucht ein völlig angemessenes Gefühl.

Aushandeln von Exklusivität

Um Eifersucht zu vermeiden, ist es natürlich wichtig, den Beziehungsstatus sauber zu klären. Das mag erst einmal einfach klingen. Aber auch wenn die meisten Paare eine relativ ähnliche Vorstellung von *Treue und Exklusivität* vereinbaren, handelt es sich letztlich um eine ganz unklare Übereinkunft. Das kann dazu führen, dass der eine Chatten mit anderen oder Treffen mit platonischen Freunden als Illoyalität empfindet, der andere aber nicht. Ich empfehle, da einmal genau drüber zu sprechen, wo jeder seine Linie zieht. Das erspart viel Ärger.

SMS & Co.

SMS, WhatsApp & Co. sind die modernen Kommunikationsmittel, die natürlich auch in 98 % der Beziehungen einziehen. Deren Einflüsse auf den gemeinsamen Kontakt sind vielfältig und bisher kaum erforscht. Ohne Frage ist es wunderbar, dem Partner Nachrichten schicken zu können, wenn er unterwegs ist. Oder ihm zu zeigen, dass du an ihn denkst. Doch es treten auch ganz neue Probleme auf. Viele sind schon verzweifelt an den grauen und blauen Häkchen auf WhatsApp. Warum werden deine Nachrichten empfangen, aber nicht gelesen, oder gelesen, aber nicht beantwortet?? Auch gibt es definitiv ein Zuviel an virtueller Kommunikation und dem Gefühl, ständig antworten zu müssen.

Die Forschung, die sich des Themas bereits angenommen hat, zeigt bisher Folgendes: SMS, die emotionale positive Inhalte ausdrücken (insbesondere ohne Fragen und der Erwartung auf eine direkte Antwort), werden von beiden Geschlechtern geschätzt. Auch »technische« SMS sind kein Problem, also Fragen zur Uhrzeit eines Treffens, ob man noch was mitbringen soll usw.

Was auch klar ist, dass man auf gar keinen Fall versuchen sollte, Konflikte auf diesem Weg zu klären. Warum? Trotz aller Emoticons fehlen schlicht sämtliche analoge emotionale Inhalte von Kommunikation. Die Gefahr, dass du dich dabei immer tiefer reinreitest, ist sehr groß. Wenn du sowieso schon aufgebracht bist, kommen auch »witzig« gemeinte Bemerkungen unter Umständen komplett falsch rüber.

Ansonsten belegt die Forschung, dass relativ viele SMS interessanterweise von Frauen mit einer höheren Beziehungszufriedenheit korreliert werden, bei Männern ist das eher andersherum.

Aus meiner Erfahrung funktioniert eine »gesunde« Menge an SMS am besten. Zu viele SMS, und ihr seht euch irgendwann im echten Leben immer weniger, weil ihr eigentlich gar nichts mehr zu besprechen habt. Außerdem braucht jede Partnerschaft »Pausen«, in denen du den anderen vermissen kannst, und wenn es nur von morgens bis abends ist. Insbesondere wenn du merkst, dass die Beziehung zu »vorhersehbar« und unter Umständen sogar langweilig wird, empfehle ich, die digitale Kommunikation deutlich herunterzufahren. Wenn ihr wirklich weit voneinander entfernt seid, sind übrigens Skype-/Video-Treffen eine gute Wahl, besser als nur SMS oder Telefon. Das gilt insbesondere für extreme Fernbeziehungen.

Wenn du jeden Tag 100 SMS an den Partner schickst, machst du etwas falsch. Auch wenn sich das vielleicht in der ersten Verliebtheit richtig anfühlen mag. Du erstickst den Kontakt regelrecht und es wirkt sehr »klammernd«. Insbesondere Männer sollten da aufpassen. Zu viele SMS von Männern zerstören die Mann-Frau-Polarität, das kann im Beziehungsaufbau schnell in die »Friendzone« (s. o.) führen. Ich persönlich muss mich regelmäßig etwas bremsen, schon beruflich bedingt liebe ich es, zu kommunizieren. Bis mir ein Date vor Jahren mal gesagt hat: »Du schreibst wie eine Frau«, verbunden mit der Ansage: »Lass uns doch etwas weniger treffen.« Seitdem halte ich mich mehr zurück und es ist viel besser ☺!

Wenn man nicht zusammen wohnt, sind SMS morgens/mittags/abends ein ganz gutes Mittelmaß, oder am besten auch mal das gute alte Telefon in die Hand nehmen. Vor allem musst du bitte darauf achten, dass nicht immer der Gleiche morgens den Kontakt beginnt. Tendenziell scheinen mir Beziehungen besser zu laufen, wenn die Frau mehr schreibt und mehr Kontaktaufnahmen macht als der Mann.

Insgesamt sind SMS & Co. per se nicht schlecht und ein tolles Mittel, dem anderen zu zeigen: »Ich denke an dich«, wenn du mal nicht anrufen kannst. Auch Guten-Morgen- / Guten-Abend-SMS sind bei den meisten Menschen sehr beliebt. Dennoch: Ich würde daraus keine total feste Gewohnheit machen. Schreib nicht zwanghaft eine Abend-SMS, sondern nur, wenn dir wirklich danach ist. Wenn du auf diese Weise Zuneigung ausdrücken willst, tu es nur, wenn du nicht unbedingt die gleiche Antwort erwartest, sonst ist es wie ein Kuhhandel und fühlt sich nicht frei an. »Verlustängstlern« darf ich sagen: Macht euch nicht den Mega-Kopf, wenn mal ein paar Herzchen fehlen. Nur wenn das konsistent über mehrere Tage geht, kannst du das mal ansprechen.

SMS und Bindungsstile

Sehr interessant ist die Betrachtung von *Bindungsstilen* im Zusammenhang mit digitaler Kommunikation. Studien zeigen, dass sowohl »Bindungsängstler« als auch »Verlustängstler« mehr schreiben als jene, die sich sicher gebunden fühlen. Der Grund: Menschen mit Verlustangst können auf diese Weise immer wieder spüren, ob beim anderen noch alles »in Ordnung« ist, und so die »Nabelschnur« halten. Menschen mit Bindungsangst hingegen lieben es, Zuneigung über die Ferne auszudrücken, dann ist es nicht so »gefährlich«. Diese sind oft viel emotionaler, als wenn man sie direkt vor sich hat – was einen ziemlich irritieren kann, am Rande gesagt! Du kannst also, wenn du jemanden neu kennenlernst, gleich schwierige Bindungsstile an dem ausgesprochen vielen Geschreibsel identifizieren. Und deute das möglichst nicht als »die große Liebe«. Die Rede ist hier aber wirklich von exzessivem SMS-Gebrauch, also mehr als 50 pro Tag.

Innerhalb einer Beziehung ist es wichtig zu wissen, ob du eher in der »Unten-Position« (ich sage auch gerne im »Plus-Pol«) (= tendenziell besorgt) oder der »Oben-Position« (entsprechend »Minus-Pol« genannt) (= tendenziell ambivalent) bist. In der »Unten-Position« schreibst du wahrscheinlich etwas zu viel, in der »Oben-Position« etwas zu wenig.

Um das Gefüge wieder auszugleichen bzw. erst gar nicht einen toxischen Kreislauf entstehen zu lassen, nimm dir in der »Unten-Position« vor, weniger zu schreiben, als du es möchtest, und andersherum gilt natürlich das Gleiche.

In der Verliebtheit sind übrigens beide in der »Unten-Position«, da kann man eigentlich nicht viel falsch machen, außer, wie gesagt, exzessiv darüber zu kommunizieren.

Im Moment bleiben

Einer der wichtigsten Ratschläge für Beziehungen in jeder Phase ist, *im Moment zu bleiben* und vielleicht nicht zu viel zu planen. Das gilt vom Dating bis zur langjährigen Beziehung. Der größte Feind der Liebe ist die Angst – und Angst lebt praktisch immer in der Zukunft. Der zweite Feind ist das Aufrechnen – und die verweilt immer in der Vergangenheit. Glücklich sein kannst du aber immer nur im Hier und Jetzt. Manche Paare vereinbaren in der Therapie, einfach mal eine Nulllinie einzuziehen und von vorne anzufangen. Eine gute Idee.

11 Sexualität

Sexualität als Fortsetzung der Kommunikation

Sexualität ist verständlicherweise ein häufiges Thema in meinen Sitzungen, aber es ist nicht so (wie man es vielleicht erwartet), dass über alle möglichen Details berichtet wird. Das findet eher beim Sexualtherapeuten statt. Bei mir handelt es sich eigentlich immer um die gleichen Themen: Es gibt zu wenig / zu viel Sex, gar keinen Sex oder der Sex ist irgendwie nicht erfüllend.

Ich sehe Sex als Fortsetzung der Kommunikation auf körperlicher Ebene, das heißt, es treten exakt die gleichen Stärken und Schwächen auf. So kann mangelndes sexuelles Interesse durchaus mit Bindungsvermeidung zu tun haben und starkes sexuelles Interesse mit Verlustangst. Anders als beim Reden kommen jedoch die ganzen Hormone dazu ☺.

Die Frage ist immer: Möchte ich wirklich dem Partner begegnen in der Sexualität oder brauche bzw. benutze ich ihn für mein eigenes Ego? Das ist meist kaum auseinanderzuhalten und oft auch nicht so schlimm, wenn beides im Spiel ist. Wenn du aber zum Beispiel Sex »brauchst«, weil du dich nur dann bestätigt fühlst, du nur dann entspannen kannst, nur dann deine Verlustangst im Griff hast – dann kommt Druck in die Sache herein. Wenn du auf der anderen Seite Mauern aufbaust, dem Partner dauerhaft Sex verweigerst, trotzdem erwartest, dass er treu bleibt – dann bringst du unnötig viel Sog in das Thema. Wenn Sex zur Mangelware wird, darfst du dich nicht wundern, wenn der andere fast besessen davon wird. Insofern sind beide Partner in der Verantwortung, diesen Bereich gut zu gestalten.

Er / sie will weniger Sex als ich

Dieses Thema ist – wenig überraschend – natürlich ein Evergreen in der Paarberatung. Eines gleich vorweg: In JEDER Beziehung will einer mehr als der andere (eine stürmische Anfangszeit mal ausgenommen). Das ist komplett normal. Schön wäre natürlich, wenn immer mal der eine oder dann der andere mehr will, aber in aller Regel ist es dauerhaft derselbe, der diese Position hat. Nochmal, das ist normal und ist in jedem Lebensbereich so. Es gibt auch einen, der lieber Vanille-Pudding mag, einen, der lieber ausgeht, einen, der lieber redet usw.

Nach den Gesetzen der menschlichen Kommunikation bedeutet das, dass derjenige, der weniger will, den Bereich kontrolliert. Nehmen wir mal an, der Mann will mehr Sex. Dann kann und sollte er natürlich nicht seine Frau zum Sex drängen. Seine Frau kann aber einfach Nein sagen, und wenn sie Ja sagt, bekommt sie sehr sicher, was sie will. Sie kontrolliert den Sex, egal, ob ihr das passt und bewusst ist oder nicht. Ein Problem tritt auch nur dann auf, wenn die Bedürfnisse weit auseinanderliegen.

Zuerst ist es wichtig, hier authentisch zu bleiben, und nicht deine eigenen sexuellen Bedürfnisse quasi »geheim« zu halten in der Hoffnung, der andere kommt dann mehr auf dich zu. Das mag schon mal funktionieren, aber dadurch wird das Problem nicht gelöst.

Zum anderen ist es auch entscheidend, dass sich der »Minus-Pol« seiner Verantwortung für das Ganze bewusst wird. Natürlich kann er / sie sagen, er habe einfach weniger Lust. Aber sich darauf zurückzuziehen bedeutet unter Umständen auch, dass die Beziehung scheitert. Wichtig wäre also hier wieder die ehrliche und gemeinsame Kommunikation. Gibt es Möglichkeiten, dass du mehr Lust bekommen könntest? Kannst du deinem Partner etwas geben, auch wenn du mal nicht so Lust hast? Wenn sich gar nichts machen lässt: Wie wollen wir als Paar damit umgehen?

Der »Plus-Pol« ist natürlich auch gefragt. Er / sie muss verstehen, dass es kein »Recht« auf Sexualität gibt. Hier darf geschaut werden, ob du zu viele emotionale Bedürfnisse von deinem Partner gestillt haben möchtest. Oder wie du Sexualität auch mal mit dir alleine leben kannst.

Es gibt da kein Richtig oder Falsch, aber mit Sicherheit müssen beide sich bewegen und etwas ändern – und vor allem authentisch darüber kommunizieren.

Unterschiedliche Bedürfnisse in der Art der Sexualität

Zu einem guten Match gehört definitiv, dass auch die *sexuellen Bedürfnisse* einigermaßen zusammenpassen. Natürlich ist es toll, sich gegenseitig zu entdecken, sich inspirieren zu lassen. Aber es bringt auch nichts, etwas zu tun, was einem einfach nicht gefällt. Wenn zum Beispiel der eine Partner Spaß an sadomasochistischen Spielen hat, der andere aber mit Schmerzen-Zufügen oder -Empfangen so gar nichts anfangen kann, wird es schwer werden, eine befriedigende Beziehung zu führen. Auch hier bist du wieder gut beraten, von Anfang an so authentisch wie möglich zu sein und dich gar nichts erst in etwas reinrutschen zu lassen, das dir dann hinterher doch nur Probleme bereitet. Also sag, was dir Spaß macht und was nicht. Steh zu dir. Sag nicht Ja, nur um geliebt zu werden. Lass dir nicht einreden, dass du irgendetwas machen »müsstest«, nur weil dein Partner sagt. »da hatte noch nie jemand ein Problem mit«. Du musst mal gar nichts.

Andererseits ist es auch keine gute Idee, seine Wünsche verborgen zu halten, nur um keine Probleme zu generieren. Auch das ist nicht authentisch.

Wieder ist hier aber die Frage: Was ist mein authentisches Selbst? Wenn ich zum Beispiel in der Kindheit Gewalt erfahren habe und dies nun meine Sexualität prägt (sodass ich da auch Schmerzen erfahren will) –, ist das dann wirklich mein wahres Ich, was diese Art Sexualität will? Oder ist es mein Schmerzkörper, der am Steuer sitzt und seine Ration Schmerzen haben will? Insofern ist die Frage danach, wer ich wirklich bin, absolut entscheidend – und leider durchlebst du oft einen langen Prozess, dies wirklich herauszufinden.

Handfeste sexuelle Störungen

Manchmal sind *sexuelle Probleme* nicht auf Kommunikation begründet, sondern einfach bestimmten körperlichen Veränderungen geschuldet. Je mehr Medikamente man nimmt und je älter man wird, umso mehr sollte man auch mal daran denken. Diese Themen würden aber den Rahmen dieses Buches sprengen. Aber ich kann sehr empfehlen, manche Probleme (zum Beispiel Erektionsstörungen) durchaus medizinisch abklären zu lassen, bevor man ein riesiges Paar-Fass aufmacht.

Sex-Flaute

Auch das ist eines der häufigsten Probleme von Paaren. Wie schon oben beschrieben, kann eine medizinische Abklärung durchaus Sinn machen, wenn es sich auch um ein generelles Problem handelt. Meistens liegen aber andere Gründe vor.

Ganz allgemein kann man sagen, dass mit *Sexlosigkeit* meist auch eine auf eine gewisse Art oberflächliche Kommunikation einhergeht. Du redest vielleicht über den Weltfrieden, aber nicht darüber, warum ihr nicht mehr miteinander schlaft, du ihn nicht mehr so attraktiv findest. Du packst kommunikativ keine »heißen Eisen« mehr an, und fasst ihn dann auch nicht mehr an.

Leider hat die Natur es so eingerichtet, dass es immer diese zwei Systeme in einer Beziehung gibt: den Sex und die Freundschaft. Und beide funktionieren nach unterschiedlichen Gesetzen. Während es für die Freundschaft nichts ausmacht, permanent aufeinanderzuhängen, das gleiche T-Shirt zu tragen, »untrennbar« zu werden, ist das für den Bereich Sex oft pures Gift. Für die körperliche Attraktivität braucht es Polarität, dass jeder »sein Ding« macht, ihr getrennt etwas unternehmt, eure Meinungen aufeinanderprallen, kommunikative Risiken eingeht, nicht um jeden Preis versucht, die Beziehung zu halten, ihr die Kraft und Unabhängigkeit des anderen spürt. Zu starke emotionale Bedürftigkeit ist auf beiden Seiten ein Sex-Killer.

Bedürftigkeit kann auch heißen: Ich muss Sex haben, um mich wertvoll, geliebt, entspannt zu fühlen, und muss den anderen dazu quasi benutzen. Das spürt der Partner irgendwann und will keine Tankstelle sein.

Darüber hinaus werfen wir aber mal einen Blick auf geschlechtsspezifische (oder rollen-spezifische) Unterschiede:

Der Mann will nicht mehr

Hier muss man vor allem an zwei Dinge denken: Wenn eine Sexflaute nach wenigen Monaten, also relativ früh auftritt, ist das ganz oft ein vermeidender Bindungsstil bzw. einfach mangelndes Interesse (wie ja auch im Kapitel über toxische Beziehungen ausgeführt, siehe S. 165).

Wenn es in einer längeren Partnerschaft schleichend auftritt, sollte man unbedingt mal an Porno-Sucht denken. Der exzessive Gebrauch von Pornos führt paradoxerweise zu Lustlosigkeit in der Beziehung. Ansonsten kann natürlich auch eine zunehmende Unzufriedenheit in der Beziehung dazu führen; dies ist aber längst nicht so häufig wie bei der Frau.

Seltener (und das gilt auch für Frauen) können es Leistungsängste oder nicht zugegebene körperliche Probleme sein.

Wenn die »Sexlosigkeit« nach Jahren recht plötzlich auftritt, muss man leider in aller Regel (ich würde mal sagen zu 90 %) an irgendeine Art von Fremdgehen denken.

Die Frau will nicht mehr

Dieser Fall tritt viel häufiger auf – und ist auch deutlich komplexer in der Ursachenforschung.

In meiner Arbeit stellt sich als häufigste Ursache die mangelnde Polarität der Partner heraus, und hier insbesondere, dass die Frau den Respekt vor ihrem Mann verloren hat. Das wiederum kann sehr viele Ursachen haben. Zum Beispiel, dass sie ihn für zu bedürftig hält, er nicht mehr die coolen Sachen macht, die er zu Anfang der Beziehung unternommen hat, er keine »Mission« im Leben findet, er ständig versucht, es seiner Frau recht zu machen, er die Beziehung nicht ab und zu mal »anführt«, sich gehen lässt …, um nur einiges zu nennen.

Es kann aber auch sein, dass die Frau sich nicht genügend gesehen und umworben fühlt. Dass sie sich vernachlässigt fühlt, zum Beispiel mit der Arbeit rund um die Kinder, und sie dann im Bett nicht noch mehr geben will. Sich nicht genug beachtet fühlen resultiert auch daraus, dass der Mann der Frau nicht mehr »den Hof macht«, um es mal altmodisch zu sagen. Sie also nicht mehr klassisch datet, mit ihr ausgeht, sagt, wie schön er sie findet und so weiter. Es ist auch möglich, dass die Frau sich einfach generell schlecht und respektlos behandelt fühlt.

Außerdem kommt es vor, dass die Frau schlicht keine Lust mehr verspürt, aber nicht selten verhält es sich so, dass sie Sex bewusst oder unbewusst als Druck- und Machtmittel gegen den Mann einsetzt.

Manchmal lässt auch für einige Frauen mit Abschluss der Familienplanung die Freude an Sex nach.

Und ja, Bindungsvermeidung / Näheangst können auch ein Grund sein. Aber auch hier tritt das Phänomen innerhalb eines Jahres auf und keineswegs plötzlich nach vielen Jahren.

Und schließlich kann auch eine Affäre der Grund sein – das ist aber nicht so häufig der Grund wie beim Mann.

Umgang mit »Sexlosigkeit«

Das Wichtigste im Umgang mit *Sexlosigkeit* ist, dass man sie keinesfalls akzeptierten sollte. Oder meinen, das ist der normale Lauf der Dinge, betrifft irgendwann alle Paare. Es gibt überhaupt keinen (nicht-medizinischen) Grund, nicht Sex mit dem gleichen Partner bis ins hohe Alter zu haben.

Immer wieder kommen Paare zu mir in die Beratung, die oft jahrelang keinen Sex hatten (auch ganz junge Menschen). Und keiner von beiden hat es wirklich angesprochen bzw. ernsthaft darauf gedrängt, das Problem zu klären. Wenn man erst mal länger als etwa 6 Monate keinen Sex miteinander hatte, gewöhnt man sich daran und es stellt sich langsam immer mehr dieses »Bruder-Schwester«-Gefühl ein, aus dem schwer wieder herauszukommen ist.

Als erstes ist es natürlich wichtig, das Thema klipp und klar anzusprechen und nicht eher aufzuhören, bis du eine ganz eindeutige Antwort vom Partner bekommen hast. Du solltest dich nicht abspeisen lassen mit »Ich weiß es nicht«. Meist weiß es der andere ziemlich genau, warum er nicht will.

Wenn Gründe auf dem Tisch liegen, die sich abstellen lassen, könnt ihr das natürlich tun, aber das dürfte selten einfach so der Fall sein.

Das Wichtigste ist tatsächlich jetzt, dass du einen Dealbreaker aus dem Thema Sex machst. Anders ausgedrückt: Du sagst: »Ich bin nicht mehr bereit, diesen Zustand zu ertragen, notfalls verlasse ich die Beziehung oder hebe die Exklusivität auf.«

Das hört sich jetzt vielleicht hart an. Aber gerade der Bereich Sexualität braucht »klare Kanten«, indem du für deine Bedürfnisse einstehst, kräftig, klar und autonom agierst. Außerdem gibt es den Merksatz, dass jede Beziehung so viel Sexualität hat, wie es braucht, sie zu erhalten. Das heißt, wenn beide Partner es akzeptieren, dass es keinen Sex geben könnte, gibt es auch irgendwann keinen Sex mehr. Umgekehrt bedeutet das natürlich nicht, dass du deinen Partner unter Druck setzt. Unter Druck setzen wäre: »Ich verlange genau von dir, dass wir wieder Sex haben.« Einen Dealbreaker setzen meint: »Ich praktiziere Selbstliebe, und dazu gehört, dass ich Sex haben möchte in meinem Leben. Und wenn das mit dir, meinem Partner, nicht geht, dann wird es eben jemand anders sein.«

Allein das Setzen dieses Standards wird häufig ganz viel verändern und die Kommunikation und Dinge wieder in Schwung bringen. Ansonsten helfen folgende Tipps:

- Medien mal für vier Wochen rausschmeißen (Facebook, Fernsehen usw.);
- sich an bestimmten Tagen der Woche wirklich daten / ausgehen, und an den anderen ganz bewusst etwas getrennt unternehmen;
- wenn ihr etwas unternehmt, gerne etwas Neues / Spannendes (zum Beispiel Kletterkurs, Salsa-Workshop);
- kein Thema mehr auslassen, alles ansprechen, was einen stört;

- manchmal hilft es auch, mal wieder Sex zu planen und es einfach zu tun. Ich hatte Paare, die allein damit wieder auf die Spur gekommen sind;
- an sich selber arbeiten, autonomer werden, Bedürftigkeit abbauen oder mal andere Freunde für sich zu nutzen;
- ganz allgemein die Mann-Frau-Polarität-stärken;
- auch so etwas wie ein Tantra-Workshop oder eine Beratung bei einer Sexologin kann neue Impulse liefern.

Wenn man sich das Projekt Sex vorgenommen hat und es aber über mehrere Monate keine Erfolge gibt – dann ist der Thrill einfach tot, leider. Dann sollte man auch nicht hoffen, dass das wieder in Gang kommt. Dann müsst ihr dieser Realität ins Auge schauen und entsprechend handeln.

12 Risikofaktoren

In diesem Kapitel wollen wir schauen, was neben schlechter Kommunikation bzw. mangelndem Kontakt noch alles eine Beziehung in Schwierigkeiten bringen kann. *Risikofaktor* heißt: Es KANN, MUSS aber nicht passieren, dass es überhaupt Probleme gibt, aber die Wahrscheinlichkeit wird größer.

Die meisten Paare, die in meine Praxis kommen, haben nicht nur Probleme zu reden, sondern bringen meist noch mehrere Risikofaktoren mit. Diese können locker 50 % der Probleme ausmachen. Wenn das Paar aufgrund von äußeren Faktoren (beruflich, Kindererziehung, Krankheit etc.) gestresst ist, kommt eine Schwelle, bei der das Gehirn in den Kampf-Flucht-Modus schaltet. Ab dann kommuniziert man nicht mehr überlegt, sondern nur noch in einem Notprogramm. Manchmal kann es einfacher sein zu versuchen, den Stressfaktor zu eliminieren oder die Auswirkungen abzufedern, als mühsam ein Reden unter Stress zu verbessern. Aber viele Risikofaktoren lassen sich natürlich gar nicht ändern, dann kannst du nur versuchen, so gut wie möglich damit umzugehen. Allein das Wissen, dass es sich um einen Risikofaktor handelt, ist interessanterweise schon häufig erleichternd.

Altersunterschied

Das ist ein eher weicher Risikofaktor, aber es ist einer. So als Daumenregel würde ich sagen, ab 7 Jahren *Altersunterschied* kann das Thema relevant werden; insbesondere wenn die Frau älter ist, was die Gesellschaft tendenziell immer noch ablehnt.

Das Risiko liegt einmal darin, dass man völlig andere Lebensthemen hat und auch völlig andere Wünsche an Freizeit, Reden, Freunde. Es kann auch darin liegen, dass man einen deutlich jüngeren (oder auch älteren) Partner als eine Art Trophäe betrachtet und gar nicht überlegt, ob man wirklich zusammenpasst. Außerdem können unerledigte Dinge aus der Kindheit das Ganze überschatten (man sucht unbewusst einen Vater / eine Mutter).

Es kann aber auch alles gut gehen (wie bei allen Risikofaktoren). Man sollte auf jeden Fall so bleiben wie man ist, und nicht versuchen, einen auf »jugendlich« oder »weise« zu machen. Steh zu deinem Alter.

Bi-kulturell

Es sind über die Jahre sehr viele zweisprachige Paare zu mir gekommen. Unter *bi-kulturell* verstehe ich dabei auch schon eine deutsch-italienische Beziehung etc. Man unterschätzt hier oft, wie unterschiedlich die Rollenerwartungen in bestimmten Kulturen sein können. Als Paar muss man sich unbedingt gegenseitig informieren, selbst wenn man jetzt in der Kultur eines Partners lebt. Witzigerweise sind auch ganz typische Themen eines Paares je nach Kontinent völlig verschieden.

Sehr zu empfehlen ist, dass beide die Muttersprache des jeweils anderen erlernen und verstehen. Bestimmte, hoch emotionale Inhalte kann man häufig nur in der Muttersprache ganz korrekt ausdrücken.

Und man sollte dem Partner, der nicht im eigenen Herkunftsland lebt, viel Raum geben, dieses zu besuchen; im Idealfall können beide es so arrangieren, einmal für längere Zeit in der Heimat des anderen zu leben.

Schwiegereltern

Auch wieder so ein Klischee – aber es geht wirklich oft um die *Schwiegereltern* in einer Paartherapie. Die häufigsten Probleme kreisen darum, dass sich die Schwiegereltern in irgendeiner Weise einmischen oder sich vielleicht sogar negativ zum Partner verhalten.

Bei allen dritten Personen rund um eine Beziehung gilt eines: Die Paarbeziehung muss die höchste Priorität haben. Das bedeutet ganz platt: Wenn es darum geht, ob ich eher zu meinem Mann stehe oder zu meinem Vater, muss der Mann Vorrang haben (mal vorausgesetzt, man lebt in einer einigermaßen normalen Ehe, und der Partner verlangt nichts Unmenschliches). In dem Moment, wo du deinen Eltern zu nahe bist und damit eigentlich illoyal wirst gegenüber deiner Beziehung, kommt es zu Schwierigkeiten. Deshalb ist auch nur einer zuständig für die Lösung dieser Probleme – der Partner, dessen Eltern betroffen sind. Er muss sich so positionieren, dass die Loyalität zum Partner gewahrt bleibt, aber auch die Eltern bekommen, was angemessen ist. Das musst du halt für dich herausfinden.

Nehmen wir an, dein Vater hat deinen Mann beleidigt und er will jetzt nicht mehr zu deinen Eltern mitkommen. Du versuchst natürlich, das Dilemma irgendwie zu lösen, aber du findest keinen Ausweg. In diesem Fall ist es wichtig zu akzeptieren, dass er nicht mehr deinen Vater sehen will, und du müsstest das auch vor deinem Vater vertreten. Andererseits kannst du ihn natürlich alleine besuchen, das müsste dein Mann wiederum hinnehmen.

Krankheit

Liebesbeziehungen basieren – anders als zum Beispiel Eltern-Kind-Beziehungen – auf einer Symmetrie, das heißt, beide sind irgendwie auf Augenhöhe und gleichermaßen präsent in der Beziehung. Dieses Gleichgewicht wird bei *schweren Krankheiten* unter Umständen komplett zerstört. Das können sowohl körperliche als auch Sucht- oder psychische Krankheiten sein. Nehmen wir einmal einen Extrem-Fall: Der Partner wird dement. Ja, natürlich kannst du ihn pflegen, je nachdem, wie viel Kraft und unbedingte Liebe du für ihn hast. Aber du wirst keine richtige Liebesbeziehung mehr haben. Das bedeutet zugleich auch: Du darfst deine Selbstliebe nicht vernachlässigen und musst schauen, was die neue Situation für dich bedeutet und wie du damit umgehst. Das kann auch heißen, dass du jemanden verlassen darfst, einfach weil du gerne eine erfüllende Beziehung leben möchtest.

Das sind wirklich furchtbar schwere Entscheidungen, über die man lange nachdenkt – und möglichst im Austausch mit anderen, auch professionellen Helfern sein sollte. Das Gemeine ist, selbst wenn du jemanden über Jahre hinweg pflegst und er vielleicht sogar wieder gesund wird, kann die Sexualität komplett verloren gegangen sein, weil die Polarität zerstört wurde. Wenn es also irgendwie möglich ist, sollte man bei Krankheit so lange wie möglich Partner bleiben, und nicht zur Krankenschwester mutieren.

Zum Thema Krankheit muss ich leider noch anfügen, dass schwer kranke Kinder einen enorm großen Risikofaktor darstellen. Die Krankheit und die damit verbundenen zusätzlichen Aufgaben und emotionalen Höhen und Tiefen führen logischerweise zu noch mehr Stress, zu Schuldgefühlen und -zuweisungen. Beim Tod eines Kindes trennen sich ca. 80 % der Paare – das ist der größte Risikofaktor, den es gibt.

Einkommen / Status / Arbeitslosigkeit

In meiner Praxis zeigt sich interessanterweise immer noch, dass sich sowohl Frauen als auch Männer oft unwohl fühlen, wenn die Frau deutlich mehr verdient als der Mann bzw. einen besseren *Status* hat. Das scheint doch weiterhin zur Polarität zu gehören. Auch *Arbeitslosigkeit* ist – aus der Sicht eines Paares gesehen – anhaltend problematischer, wenn der Mann arbeitslos wird. Ein Mann, der lange, lange zuhause sitzt, ist für viele Frauen trotz gegenteiliger Bemühungen ein Abtörner (zumindest wenn er sich nicht wirklich bemüht). Wirtschaftlicher Erfolg des Mannes wirkt auf viele Frauen toll, aber eigentlich geht es vermutlich darum, ob der Mann eine »Mission« hat, für die er brennt (also natürlich außerhalb der Ehe). Er kann passionierter, aber armer Jazz-Pianist sein und den vollen Respekt der Ehefrau genießen.

Späte Heirat

Das ist einer der skurrilen Risikofaktoren. Ich hatte viele Paare, die kurz vor oder nach einer *späten Heirat* zu mir in die Praxis kommen. Was ist spät? Alles, was so nach 5 – 6 Jahren Zusammensein stattfindet. Tatsächlich würde ich empfehlen: Wenn ihr heiraten wollt, feiert eure Hochzeit nach 2 – 3 Jahren. Dann seid ihr noch so im Aufbau-Flow einer Beziehung.

Wenn ihr lange zusammen seid und es ganz gut läuft, rate ich: »Never change a running system.« Jede Veränderung in den Grundlagen einer Beziehung kann – muss aber nicht – zu Schwierigkeiten führen. Und Heiraten gehört definitiv dazu.

Wenn man heiratet, ist das nicht nur ein Rechtsakt. Du sagst ein lautes großes ja zum anderen. Nach vielen Jahren kennst du deinen Partner und siehst realistisch alle charakterlichen »Jas und Neins«. Wenn dein Partner dieses laute ja und Commitment dir gegenüber äußert – was macht das dann mit deinem Unterbewusstsein? Es exploriert alle NEINs zu deinem Partner. Da bekommst du im besten Fall »kalte Füße« und im ungünstigen Fall stellst du alles in Frage bis zur Absage einer Hochzeit – was quasi keine Beziehung überlebt. Also, du solltest wissen, was du tust! Und auf diesen Prozess vorbereitet sein bzw. dir vorab Gedanken über eine mögliche Heirat machen, bevor der Antrag kommt.

Übrigens ist auch Heiraten ein Thema, das die Frau als erstes »anschneiden« sollte (typische Aussagen sind oft: »Wohin geht eigentlich unsere Beziehung?« - »Was hältst du eigentlich von Heirat«). Der Mann macht natürlich den Antrag – ohne diese vorherigen Zeichen würde ich aber davon abraten.

Hausbau

Hausbau ist einer der gravierenderen Risikofaktoren. Soweit ich das sehen kann, liegt es einfach daran, dass ihr über einen längeren Zeitraum einem hohen Arbeits- und Entscheidungs-Stress ausgesetzt seid.

Bei Planung und Umsetzung geht ja eigentlich immer einiges schief, der Bau dauert länger, wird teurer. Zudem gehört ein gemeinsames Haus zu den großen drei Commitments (Kinder, Haus, Heirat), und kann damit auch ähnlich wie eine Hochzeit entsprechende Themen im Blick auf Bindungsängste auslösen.

Ex-Partner

Ich bin sehr ein Befürworter von klaren Trennungen. Es ist schwer, von jemandem vollständig loszukommen, wenn du ihn immer noch vor der Nase hast. Und damit erweist es sich als genauso schwer, wirklich offen zu werden für etwas Neues.

Aber natürlich ist es denkbar, dass mit etwas Abstand die Gefühle ganz verschwinden – ihr euch aber noch vertraut seid und befreundet sein möchtet. Im Prinzip ist dagegen nichts einzuwenden.

Es kann aber sein, dass eine solche Verbindung für einen neuen Partner ein Problem darstellt, vor allem wenn es sich um den letzten *Ex-Partner* handelt. Es gibt da kein Richtig und kein Falsch, aber du solltest eines bedenken:

Auch wenn ihr vielleicht keinen Sex mehr erlebt, bleibt noch immer viel Nähe. Und ein neuer Partner sollte auf jeden Fall die Priorität haben, was Intimität und Nähe angeht.

In meiner Praxis tritt das Thema hauptsächlich auf, wenn man Kinder hat. Ihr habt euch vielleicht getrennt, aber weil es so praktisch ist, macht ihr noch viel als Familie oder du reparierst auch gerne bei der Ex-Partnerin den Wasserhahn. Für die Kinder kann das sehr schön sein (wobei auch die manchmal verwirrt sein können, was denn Trennung überhaupt bedeutet). Manchmal ist dann meine Frage: Sind wirklich alle Trennungen vollzogen? Denn es gibt nicht nur die eine Trennung, die du am Anfang aussprichst. Es gibt viele: erst das Aussprechen, dann die Trennung des Ausziehens, dann die des ersten Sex mit jemand anderem und schließlich die Trennung des »Ich-habe-einen-neuen-Partner«.

Wenn quasi die Vor-Familie weiterhin besteht, darfst du dich nicht wundern, wenn der Neue sich beschwert.

Auch hier gilt es wieder abzuwägen. Natürlich kannst du zusammen mit dem Ex-Partner und den Kindern Zeit verbringen, aber es muss klare Regeln geben und es muss unzweifelhaft sein, wer die Haupt-Priorität hat. Das ist wieder das gleiche Thema wie bei den (Schwieger-)Eltern.

Interessanterweise befassen sich gerade »Bindungsängstler« noch stark mit einer Ex-Beziehung, insbesondere wenn es Kinder gibt. Denn die neue Beziehung ruft schon wieder Angst hervor, da kann man prima über die Altbeziehung phantasieren. Das kann so weit gehen, dass sie heimlich Weihnachten mit der Altfamilie feiern.

Ein kleiner Exkurs: Wie gut du alte und neue Commitments managst, zeigt sich vor allem an den symbolisch wichtigen Tagen, besonders an Weihnachten. Jeder braucht dabei den ihm angemessenen Platz. Es gibt Paare, da wird zu Weihnachten die Großfamilie besucht – und die gut vernetzte und allseits beliebte Ex-Partnerin ist auch mit von der Partie. Wenn du dann zulässt, dass »die Neue« ans Ende der Tafel gesetzt wird, hast du ein Problem. Ich kann nur raten, diese Dinge proaktiv anzugehen und vorab im Gespräch mit allen Beteiligten zu regeln, aber nicht die Verantwortung abzugeben.

Einem Partner, der zum Beispiel Weihnachten lieber mit der Ex-Freundin feiert als mit dir selbst, würde ich keine gemeinsame Zukunft geben.

Kinder

Ja, *Kinder* sind natürlich auch ein Risikofaktor, so wunderbar es auch sein kann, diese Wunder großzuziehen. Studien zeigen allerdings, dass die Geburt eines Kindes ein massiver Einschlag für viele Paare bedeutet, auf den sie nicht wirklich vorbereitet sind. Tendenziell sind Paare von Kindern über einige Jahre erst einmal – statistisch gesehen – unglücklicher. Die Gründe dafür finden sich sicherlich in körperlicher

Erschöpfung, durchwachten Nächten, dem Verlust von Freizeit und in häuslicher Einsamkeit. Dazu kommt, dass die gesamte Statik eines Paares betroffen ist: Es geht plötzlich nicht mehr immer nur um den anderen – ein dritter Mensch steht jetzt im Zentrum der Aufmerksamkeit.

Mein Rat hier ist, sich so viel Unterstützung wie irgendwie möglich zu holen. Es gibt Frauen, die aufgrund des Schlafmangels regelrecht psychotisch werden. Manchmal empfehle ich Paaren, nochmal eine Hebamme hinzuziehen, wenn das Kind zum Beispiel stündlich gestillt werden will usw. Aber auch Freunde und Familie können jetzt unschätzbare Dienste leisten. Auch wenn für dich ein Kind das natürlichste der Welt ist, bleibt es trotzdem eine Marathon-Aufgabe, es großzuziehen.

Sobald es möglich ist, solltet ihr Babysitter (ihr braucht drei, zwei können immer nicht) einlernen und hinzuziehen. Und diese Zeiten nutzen, mal wieder etwas als Paar zu unternehmen – selbst wenn ihr todmüde seid. Das Paar ist die Achse, an der alles hängt, letztlich auch das Wohlergehen des Nachwuchses. Die meisten Paare, die zu mir kommen, achten auf Job und Kinder – aber beuten sich und ihre Beziehung aus.

Die Geburt eines Kindes geht dabei noch (es gibt ja den schönen Spruch: »Ein Kind ist Urlaub«). Viele »knicken« erst beim 2. Kind wirklich ein, insbesondere wenn es im kurzen zeitlichen Abstand danach kommt. Der Sprung von einem Kind zum zweiten ist oft größer, als das erste Kind zu bekommen. Der Einfachheit halber kann man sich vorstellen, dass Kinder unter 6 Jahren doppelt zählen, was die Stressbelastung angeht.

Aber die Geburt der Kinder ist nicht der einzige Übergang, bei der Paare ins Schwimmen kommen. Dann geht es weiter in Jahrsiebten. Insbesondere in der Pubertät und beim Auszug werden Kinder wieder zum Thema.

Zusammen arbeiten

Eine *gemeinsame Arbeit* kann auch erstaunlich problematisch sein. Wie ich ja schon vorher beschrieben habe, brauchen die meisten Beziehungen dieses »Atmen«. Das ist natürlich nicht vorhanden, wenn man sich 24 Stunden lang sieht, eben auch bei der Arbeit. Dieser Effekt stellt sich verständlicherweise nicht ein, wenn man in komplett verschiedenen Abteilungen ist.

Noch viel kritischer wird es, wenn man auch noch auf unterschiedlichen Hierarchie-Ebenen arbeitet. Der Klassiker ist hier Arzt und Arzthelferin. In solchen Konstellationen ist die Beziehung dann zuhause eine symmetrische, auf der Arbeit aber eine asymmetrische – ein Rezept für Ärger. Du bist beispielsweise sauer auf den Partner aufgrund einer privaten Geschichte und machst ihn dann auf der Arbeit an; jetzt ist er aber Chef und kann sich das *dort* nicht bieten lassen. Oder du musst als Chef eine harte Ansage machen und bekommst postwendend zuhause Stress dafür. In diesem Beispiel finden sich einige andere Aspekte, die die Situation zusätzlich erschweren, etwa weil es den anderen Arzthelferinnen sicher nicht gefällt, wenn plötzlich eine unter ihnen Vize-Chefin wird.

Das kann alles so kompliziert werden, dass man sich im schlimmsten Fall zwischen Job und Beziehung entscheiden muss.

Willst du es dennoch probieren, ist es absolut wichtig, die beiden Rollen zu trennen. Was zur Arbeit gehört, muss dort geklärt werden, was privat ist, auf der Couch daheim. Da muss man wirklich völlig diszipliniert sein, vor allem wenn man zu den überaktivierten Paaren gehört.

Typischerweise treten aber nicht solche krassen Symptome auf. Stattdessen findet häufig eine Unteraktivierung der Beziehung statt und damit mangelnder Sex – einfach weil man sich zu viel sieht.

Patchwork

Wenn du ab einem bestimmten Alter (→ 40) datest, wirst du sicherlich verstärkt auf Menschen mit Kindern treffen. Was auch immer du über *Patchwork*-Glück liest – es ist wirklich kompliziert, das sauber hinzubekommen.

Manche versuchen, nur kinderlose Menschen zu daten und das ist natürlich völlig okay. Viele Menschen mit Kindern haben allerdings eine gewisse Weichheit und Selbstlosigkeit, die sehr attraktiv sein kann. Finde selber heraus, was dir entspricht.

Fangen wir mal mit dem naheliegendsten Problem an: Insbesondere Frauen mit (kleinen) Kindern haben schlicht und ergreifend kaum Zeit. Nimm noch einen Beruf dazu, vielleicht mit Schichtdienst, und stell dich darauf ein, dass es maximal nur ein Date pro Woche geben wird. Frage dich, ob das für dich in Ordnung ist? Außerdem wirst du sehr flexibel sein müssen, was kurzfristige Absagen, verschobene oder eingeschränkte Zeiten angeht. Unkompliziert zusammen übernachten wird auch nicht immer gehen.

Du wirst sicher die Nummer zwei (drei, vier etc.) bleiben. Ein eigenes Kind steht einem natürlich näher als ein neuer Partner. Das trifft genauso auf Nicht-Patchwork-Familien zu, dort fällt es aber weniger auf, da beide Partner gleiche Empfindungen zu ihrem Nachwuchs haben. Wenn du eigene Kinder in einem ähnlichen Alter hast, wirst du das gut verstehen. Wenn deine Kinder dagegen schon groß sind, du sie selten siehst oder schlicht keine hast, sieht das schon wieder ganz anders aus. Je nach eigener psychischer Konstitution kann es recht kränken, wenn du hinter Elternabenden usw. zurückstehst.

Am schwierigsten ist sicherlich die Verzahnung von euren beiden Leben in einer Patchwork-Beziehung. Die erste Frage lautet: Wann und wie lernst du das Kind bzw. die Kinder kennen? Da ist es kaum möglich, allgemein gültige Ratschläge zu geben. Wenn ihr euch nur ohne Kinder trefft, bleibt ziemlich wenig Zeit für gemeinsame Aktivitäten übrig. Andererseits will man den Kindern natürlich nicht zumuten, mehrere neue Partner kennenzulernen, weil es mal nicht sofort beim ersten geklappt hat. Als gute Daumenregel erscheinen mir 3 bis 6 Monate sinnvoll, bis du die Kinder zum ersten Mal siehst. Wundere dich dabei nicht, wenn deine Kinder den / die Neue am Anfang nicht mögen (bei manchen Kindern gibt es aber auch keinerlei Probleme, die ganze Bandbreite der Reaktionen ist hier möglich).

Bedenke: Sie mögen die *Rolle* des Neuen nicht, nicht die Person selbst (was anschließend noch herauszufinden bleibt). Viele Kinder haben zwischen den getrennten Eltern eine recht machtvolle Position. Zudem wünschen sich Kinder eigentlich immer, dass die Eltern wieder zusammenfinden. Neue Partner sind da verständlicherweise extrem störend. Besonders schwierig kann es sich entwickeln, wenn du als Mann mit der (ältesten) Tochter oder als Frau mit dem (ältesten) Sohn zu tun hast: Sie nehmen manchmal unbewusst die Rolle eines Ersatzpartners ein, zumindest in der Phantasie, und konkurrieren dann sehr direkt.

Wenn du deinen Partner wirklich integrieren willst, musst du ihn und die Kinder liebevoll und behutsam aufeinander zuführen. Dein eigenes Beziehungsglück darf allerdings nicht völlig vom Ego deiner Kinder abhängen. Nur dann besteht auch die Chance, dass sie sich wirklich kennenlernen können.

Ein erstes Zusammentreffen sollte kurz und alltäglich sein, nicht aufgeblasen und »besonders«. Lüge deine Kinder nicht an, wenn sie so alt sind, den Unterschied zwischen einem Freund und einem Partner zu kennen. Danach kannst du Intensität und Häufigkeit langsam erhöhen. Schön ist es, etwas zusammen zu erleben oder einfach miteinander zu spielen. Gemeinsame Erlebnisse verbinden.

Ganz wichtig: Kinder entwickeln nach einer Zeit unter Umständen eine überraschend intensive Bindung an den neuen Partner. Eine eventuelle neuerliche Trennung kann dann traumatisch für Kinder sein, wenn sie den – dann schon ins Herz geschlossenen – Partner nicht mehr wiedersehen. Das solltest du bedenken, bevor du eine »wackelige« Beziehung mit den Kindern bekannt machst.

13 Standards & Dealbreaker

Die Art und Weise, wie ich eine Paarberatung (oder auch Einzelberatung zu Beziehungen) anbiete, hat sich über die Jahre ständig »vereinfacht« und basiert heute im Wesentlichen auf einem simplen Konzept, das ich Standards und Dealbreaker nenne.

Natürlich kann man Paarbeziehungen »tiefenpsychologisch« analysieren (und das kann auch viel Spaß machen). Letztlich geht es mir aber um die Frage: Bekomme ich im Alltagsgeschehen einer Beziehung das, was ich WIRKLICH tief in meinem Inneren erhoffe? Ober akzeptiere ich immer wieder, dass ich nicht selten frustriert bin und von der Realität meiner Beziehung enttäuscht werde?

Standards

Der Begriff *Standards* umfasst ein Set von Beziehungszielen, das ich mir vorgenommen habe und das mir entspricht, und zwar in ganz praktischen Dingen.

Vielleicht fragst du an dieser Stelle, wofür es notwendig ist, sich dieses Set bewusst zu machen? Ich möchte doch einfach nur geliebt werden!

Aber stell dir nur einmal eine einfache Situation vor: Wie reagierst du, wenn dein Partner sagt, dass er dich liebt, aber trotzdem auf deine SMS nie reagiert? Dann merkst du schon an dieser Kleinigkeit, dass dir der Satz offensichtlich nicht genügt, du stattdessen diese »Liebe« auch ganz real spüren möchtest. Und vielleicht wird dir an diesem Punkt deutlich (wie übrigens ganz vielen), dass du diese bohrende Unzufriedenheit erlebst, aber dir nie darüber Gedanken gemacht hast, nach den Dingen zu forschen, die dir wichtig sind, also dir bisher nie ein Set von Grenzen und Wünschen aufgestellt hast.

Standards sind dieses Set (Also: Bitte setz dich nach dem Lesen dieses Kapitels hin und schreibe dir 20 bis 30 Standards auf). Standards können alles Mögliche sein, hier möchte ich lediglich exemplarisch ein paar Vorschläge anbieten; die Standards deines Sets musst du selbst für dich herausfinden:

- Ich werde nicht angelogen.
- Wir sagen uns offen unsere Gefühle.
- Meine SMS/WhatsApp werden nach 6 Stunden spätestens beantwortet.
- Nach 2 Jahren in einer Beziehung würde ich gerne zusammenziehen.
- Ich möchte in einer Beziehung sein, in der Kinder möglich sind.
- Mein Partner hält ein, was er zugesagt hat.
- Mein Partner kommt pünktlich zu Verabredungen.
- Wir verbringen wichtige Tage im Jahr (zum Beispiel Weihnachten) zusammen.
- Wir legen fest, wann wir uns sehen können, und lassen unsere Dates nicht in der Luft hängen.
- Mein Partner hat keine Affären.
- Mein Partner hat keine geheimen Süchte.
- Wir informieren uns über wichtige Ereignisse in meinem Leben.
- Mein Partner steht für mich ein.

Dies sind, wie gesagt, nur Vorschläge, entscheidend ist, was DU dir im Kleinen und im Großen wünschst – das können natürlich völlig andere Dinge und Verhaltensweisen sein.

Selbstverständlich ist keiner von euch perfekt und der Partner ist keine Kopie von dir (das wäre ja auch langweilig). Insofern werdet ihr unterschiedliche Standards haben, und die müssen dann miteinander ausgehandelt werden. Das ist ein wirklich wichtiger Faktor des Alltags in einem Beziehungsleben.

Das Aushandeln von Standards ist dabei kein Kuhhandel und keine »Durchschnittslösung«. Wenn einer den Standard hat, in München zu leben, und der andere in Hamburg, dann bringst es nichts, in die Mitte nach Kassel zu ziehen (nichts gegen Kassel ☺). Wenn einer ein Kind haben möchte und der andere nicht, kann man nicht »halb« schwanger werden. Dieses Aushandeln ist also ein Prozess, der authentische Auseinandersetzungen erfordert und ausreichend Zeit in Anspruch nehmen darf. Gerade ein solcher Prozess kann andererseits auch wieder eine gute Nähe bewirken. Paartherapie besteht zu einem ordentlichen Teil darin, diesen Prozess des Aushandelns in Gang zu setzen und zu unterstützen.

Dealbreaker

Dealbreaker sind Standards, die nicht verhandelbar sind. Ein Dealbreaker könnte also Fremdgehen, Gewalt in der Beziehung oder mehrfaches Lügen sein. Auch hier gibt es Verhaltensweisen, die vielleicht für fast jeden einen Dealbreaker darstellen (sollten), und andere, die für jeden individuell ausfallen.

Es ist gut denkbar, dass für jemanden Fremdgehen nicht sooo schlimm ist, oder nur, wenn zusätzlich gelogen wird. Das darfst du alles für dich herausfinden (Also: Schreibe dir deine Dealbreaker auf bzw. unterstreiche die entsprechenden Standards deiner Liste von oben rot).

Nicht verhandelbar heißt im Übrigen: Ich brauche an diesem Punkt nicht mehr diskutieren, ich darf (und sollte in der Regel) einfach gehen. Wird im Falle einer *langjährigen Beziehung* ein Dealbreaker gebrochen, kannst du natürlich noch mal innehalten, aber bevor du zu schnell darüber hinweggehst, prüfe bitte, ob es WIRKLICH das erste Mal war.

Nicht verhandelbar bedeutet auch: Es reicht EIN Dealbreaker, um die Beziehung zu kippen, selbst wenn die meisten anderen Standards eingehalten werden. Ein Dealbreaker kann eben nicht so einfach austariert werden.

Standards und Dealbreaker folgen als direktes Ergebnis aus deiner Selbstliebe. Sie ziehen einen Schutzzaun (aber keineswegs eine Mauer) um dich, der dich auch an Stellen schützt, an denen du wackelig bist. Das heißt, an denen du gerne schnell nachgeben willst, aber eigentlich weißt, dass du das nicht tun solltest. Dieses Kapitel ist entsprechend eines der Wichtigsten in diesem Buch: Wenn du das Gesagte wirklich berücksichtigst, kann dir nicht so viel passieren. Das Konzept schützt außerdem und insbesondere vor toxischen Beziehungen bzw. hilft, aus diesen herauszufinden (dazu später mehr, S. 165).

Standards und Dealbreaker beim Dating

Je weniger du jemanden kennst, und vor allem, wenn du jemanden online kennengelernt hast, umso strengere Standards und Dealbreaker solltest du von Anfang an aufstellen. Menschen sollten im frühen Dating »on best behaviour« sein, und wenn schon zu diesem Zeitpunkt wichtige Details zu Diskussionen führen, wird es später nur umso schlimmer.

Insofern könnte beispielsweise bereits hier ein deutliches Zu-spät-Kommen ein Dealbreaker sein, unklares Verhalten bei Abmachungen oder die Lüge, dass jemand gar nicht Single ist etc.

Je klarer du am Anfang bist, desto mehr Stress und Zeit sparst du dir beim Daten. Viele (oder sogar die meisten Menschen), für die Dating Stress bedeutet und die immer wieder die gleichen negativen Erfahrungen machen, halten sich nicht an ihre eigenen Standards bzw. haben sich diese überhaupt nie klargemacht. Das ist nicht nur Ignoranz dir selbst gegenüber, es ist ganz oft ein Verhalten, das du in der Kindheit gelernt hast, wenn zum Beispiel die Grenzen und Belastbarkeiten eines Kindes nicht eingehalten wurden.

An dieser Stelle sei ein wichtiger Rat angefügt: Schlechte Beziehungen bereiten nicht auf gute vor. Du sagst dir vielleicht: »Ja gut, dann gehe ich eben diese oder jene Affäre ein.« Aber wenn dein Ziel eigentlich ein anderes ist, solltest du dich davon nicht abbringen lassen und zu »Notlösungen« greifen, die die Sache eher verkomplizieren. Aus meiner Sicht sollten die wichtigsten eigenen Standards immer höher hängen als der jeweilige Partner. Das klingt vielleicht kühl, kann aber dafür sorgen, dass du bekommst, was du wirklich für dein Leben erhoffst, nämlich einen Partner, der sich darauf aus freien Stücken einlassen kann. Und es gilt ja genauso umgekehrt, dass ich die Standards meines Partners akzeptieren kann.

Trennungskompetenz

Das Einhalten eigener Grenzen führt auch zu einer extrem wichtigen Eigenschaft: *Trennungskompetenz*. Wenn du in eine gute Beziehung hineinfinden willst, musst du erst aus schlechten Beziehungen herauskommen. Wenn du gute Dates haben möchtest, musst du unbefriedigende Dating-Prozesse abschließen. Ja, auch das kannst du üben und lernen.

14 Fernbeziehung

Die allgemeine Mobilität sowie die neuen Wege des Datings, insbesondere natürlich das Online-Dating, führen dazu, dass sich immer mehr Menschen kennen und lieben lernen, die nicht in der gleichen Stadt wohnen, teilweise nicht einmal im selben Land oder auf dem gleichen Kontinent. Was solltest du hierbei beachten?

Eigentlich handelt es sich natürlich um eine ganz normale Beziehung und es gelten die gleichen Regeln und Gesetzmäßigkeiten. Es gibt eine Dating-Phase, in der ihr euch (langsam) kennenlernen solltet, und anschließend die eigentliche Beziehung. Vorsichtig solltest du handeln, wenn du weißt, dass du in Beziehungen eher unsicher oder mit Verlustängsten agierst. Eine Fernbeziehung fördert diese Unklarheiten schnell, und ihr könnt euch nicht eben mal treffen und in den Arm nehmen, um Dinge wieder ins Lot zu bringen.

In der Dating-Phase solltest du unbedingt darauf achten, dass Verbindungen im »echten Leben« geschaffen werden und nicht nur über E-Mails oder SMS. Insbesondere wenn der Kontakt online geschlossen wurde, solltet ihr euch sehr zügig treffen. Du kannst dich über virtuelle Kommunikation jemandem sehr nahe fühlen – und dann seht ihr euch real und alle Vorstellungen zerplatzen wie eine Seifenblase, weil einfach die Chemie nicht stimmt. Gleichzeitig kannst du eine beginnende Romanze auch »tot texten«, gerade in der ersten Phase bauen sich die Gefühle eher in der Distanz auf, die dann nicht auftritt, wenn ihr euch jeden Tag 100 SMS schreibt. Falls reale Treffen, also Dates, nicht möglich sind, könnt ihr stattdessen eine Video-Verabredung ausmachen. Das ist zwar immer noch kein echtes Treffen, aber immerhin besser als nur das Telefon.

In der eigentlichen Beziehung ist eine gute Balance entscheidend, sich genügend zu sehen und auch genügend Raum zu geben für emotionale Nähe – zumindest durch gute Gespräche. Du solltest außerdem überprüfen, ob deine eigenen Beziehungsziele tatsächlich erreicht werden (z. B. ein gewisses Maß an Nähe) oder die räumliche Distanz eine Beziehung, wie du sie dir wünschst, nicht möglich macht.

Ich empfehle, sich schon frühzeitig in die Augen zu sehen und zu überlegen, ob die Beziehung nicht ein Ziel braucht – und das heißt in der Regel, irgendwann die Fernbeziehung aus der Ferne zu holen. Es gibt sicherlich Partnerschaften, bei denen beide mit einer dünneren Beziehung auf Dauer zufrieden sind. Aber in der Regel leidet irgendwann zumindest ein Partner. Daher solltet ihr frühzeitig abklopfen, wie ein Zusammenkommen an einem Ort möglich wird, und auch, ob überhaupt die grundsätzliche Bereitschaft dazu vorhanden ist.

Wenn ihr dann tatsächlich zusammenziehen wollt, könnt ihr das vorab sicher mal für ein paar Wochen testen. Wird aus der Planung dann Wirklichkeit, könnt ihr euch oft auf eine turbulente Zeit einstellen. Denn jedes Mal, wenn der »Grundvertrag« des Zusammenseins angetastet und angepasst wird, muss sich das Paar wieder neu koordinieren: Wie regelt ihr ab jetzt Zeiten zu zweit und alleine? Vor allem habt ihr vielleicht zum ersten Mal einen wirklichen »Alltag« gemeinsam zu verkraften.

Wer zieht zu wem? Am besten zieht derjenige um, der sowieso gerne in der Stadt des anderen leben möchte. Du weißt natürlich nie, ob und wie es gutgeht, aber wenn du NUR wegen der Liebe umziehst und dazu einen guten Job, Freunde und Wohnung verlierst, kann das schon sehr hart sein. Mein Eindruck aus meiner Praxiserfahrung ist, dass es oft besser funktioniert, wenn die Frau zum Mann zieht, aber das muss jeder im Einzelfall aushandeln.

Hat eine Fernbeziehung auch Vorteile?

Ja, für manche Paare kann es erst einmal eine Entlastung sein, sich am Anfang nicht noch zusätzlich um Nähe- und Distanz-Fragen kümmern zu müssen, weil von außen ein (unter Umständen zunächst gesunder) Rhythmus vorgegeben wird.

Auf der anderen Seite kann aber eine Fernbeziehung auch hervorragend verdecken, wenn einer oder beide Partner eine Näheangst haben. Damit kann jeder anfangs leben, aber wenn die Fernbeziehung näher gebracht werden soll, kann vielleicht einer der Partner auf unliebsame Widerstände stoßen, die er / sie vorher nicht gesehen hat.

15 Beziehung und Lebensmitte

Natürlich kommen alle Arten von Paaren in meine Praxis, auch aus allen Altersbereichen. Aber es ist nicht zu übersehen (und das hat sich auch seit 20 Jahren nicht verändert), dass es oft um einen bestimmten Lebens-Bereich geht. Das »Standard-Paar« ist in den Vierzigern, hat Kinder in der Pubertät, ist maximal eingespannt im Beruf, hat vielleicht schon Eltern, die Hilfe brauchen. Eigentlich scheint alles tiptop zu sein, die Familie wohnt in einer schönen Wohnung, man kommt über die Runden, kann Urlaub machen, schaut zurück auf 15 Jahre Beziehung ... und dann geht plötzlich einer fremd. Scheinbar ohne große Vorwarnung.

Und schon sind wir beim etwas »ausgetretenen« Begriff der *Midlife-Crisis*. Gibt es die denn überhaupt?

Ja, es gibt sie, und es ist eine sehr wichtige Lebensphase. Männer scheinen mit der »Krise« etwas mehr zu tun zu haben, meist liegt sie irgendwo im Alter zwischen 42 und 52 Jahren. Eine Art Rückschau auf das Leben findet statt, man hat oft einige Ziele erreicht und zieht nun Bilanz. War es bisher gut? Hatte ich die richtigen Ziele? Bin ich glücklich damit? Und vor allem: Möchte ich so weitermachen? Man hat vielleicht schon den ein oder anderen Freund mit Krankheiten und spürt zum ersten Mal so richtig im Leben das Älterwerden und dass die Zeit endlich ist, die einem zur Verfügung steht. Vor allem Männer wollen sich dann gerne mit Vitalität verbinden, sich jung fühlen. Häufig werden neue Sportarten gesucht, bestimmte Status-Symbole angeschafft, und man(n) ist auch anfällig für »Neues«, was den Beziehungsbereich angeht. Man kann diese Zeit durchaus wie eine zweite Pubertät (auch im positiven Sinne) sehen. Man probiert sich neu aus, ist teilweise extrem risikobereit und sieht sich starken emotionalen Höhen und Tiefen ausgesetzt.

Es ist sehr wichtig, diese Themen nicht zu unterdrücken, sondern durch sie hindurchzugehen. Problematisch wird es immer dann, wenn vorhandene Partner gegebenenfalls nicht ehrlich mit einbezogen werden, du versuchst, diese spannende Zeit für dich alleine zu lösen oder hinter dem Rücken des Partners ein Parallel-Leben zu führen.

Frauen können eine ähnliche Thematik in derselben Zeitspanne durchleben. Für viele Frauen liegt die »Krise« aber zehn Jahre früher, insbesondere wenn sie vom früheren Erwachsenenalter an eine lange Beziehung hatten oder aber Anfang 30 keine aussichtsreichen Beziehungen erkennen können. Ähnlich wie bei Männern geht es auch bei ihnen um Themen wie: Will ich mein Leben so weiterführen? Will / kann ich mir eine Familie bzw. Kinder vorstellen? Will ich mit DIESEM Partner Kinder?

Wenn du lange Zeit bestimmte Bedürfnisse in deinem Leben oder in deinen Beziehungen vernachlässigt hast (ob bewusst oder unbewusst), kannst du sehr anfällig sein für andere Menschen außerhalb der bestehenden Beziehung, die scheinbar genau das »liefern«, was du suchst. Dabei geht es häufig um Verstanden-Werden und Wertschätzung – Sex und Körperlichkeit bilden gar nicht den Ausgangspunkt, sondern entstehen erst in der Folge. Leider sind die dabei entflammten Verliebtheiten oft extrem intensiv – aber sie entwickeln sich in vielen Fällen wie ein Strohfeuer, das kurz heiß brennt, aber mangels Masse schnell wieder erlischt. Fazit: Ein anderer Partner wird dich definitiv NICHT aus den Wirrungen einer Midlife-Crisis retten. Deshalb solltest du dir Zeit geben, bevor du auf dieser Basis Entscheidungen triffst, die du anschließend nicht mehr ungeschehen machen kannst. Insbesondere sind diese Midlife-Crisis-Verbindungen recht häufig toxische Beziehungen (dazu später mehr, S. 165), hier solltest du wirklich auch den Kopf einschalten und nicht nur auf Gefühle oder deinen »Trieb« hören!

In der Midlife-Crisis will man oft alles – und muss einsehen, dass man eben doch nicht mehr in der ersten Pubertät lebt und alles relativ gefahrlos ausprobieren kann. Du hast nicht mehr alle Optionen offen – wenn du dich für eine entscheidest, stirbt automatisch eine andere. Dieser Realität muss man sich stellen. Du hast jetzt mehr zwischenmenschliche Verantwortung und kannst diese nicht einfach loswerden. Dennoch gibt es keinen allgemein »richtigen« Ausgang dieser Lebensphase. Für den einen fühlt sich vielleicht eine Trennung (von was auch immer) als das Richtige an, der andere stellt fest, dass das Gras woanders definitiv nicht immer grüner ist – und dass man es doch ziemlich gut hat mit dem Bekannten, bei dem man jetzt sogar bereit ist, sich noch mehr einzulassen.

16 Es fängt an zu kriseln

Die wenigstens Beziehungen laufen fortwährend stabil so vor sich hin. Irgendwann kommt eventuell eine Zeit, in der die Streits, die Unruhe oder auch das Gefühl von Unerfüllt-Sein immer mehr wachsen. Nachfolgend findest du einige Hilfen, wie du dich und deine Beziehung selber etwas analysieren kannst – mit einfachen Bordmitteln.

Grundsätzlich empfehle ich tatsächlich (wenn man nicht gerade in einer toxischen Beziehung lebt), eher frühzeitig mal zu einer guten Paarberatung zu gehen. Es ist viel leichter, einem Paar zu helfen, bei dem es noch nicht 5 vor (oder nach) 12 ist.

Rückzugs- / Verfolger-Konflikte

Es gibt bei Paaren in Krisen ganz typische Kommunikationsmuster, die auf die jeweiligen Bindungsmuster zurückgehen. Wie schon weiter vorne beschrieben (siehe S. 15), können die Rollen über die Zeit auch wechseln.

Das Rückzug-Verfolger-Muster

Das ist – zumindest in der Paartherapie – das häufigste Muster, typischerweise mit der Frau im Verfolger- und dem Mann im Rückzugs-Modus. Es kommt auch andersherum vor, aber in dieser Variante ist es definitiv schädlicher, weil auch die Mann-Frau-Polarität betroffen ist.

Im Verfolger-Modus attackiert die Frau den Mann, fordert alles Mögliche von ihm ein. Er soll mehr helfen, sich mehr um die Kinder kümmern, sie mehr sehen, ihr mehr Nähe geben und und und. Das Attackieren erfolgt in der Regel verbal, aber es kann auch eskalieren (siehe Beispiel auf der nächsten Seite). Im Verfolger-Modus fühlt frau sich aber mitnichten gut und mächtig, ganz im Gegenteil herrschen ohnmächtige Wut und Verzweiflung vor. Sie hat das Gefühl, was sie auch sagt, es prallt an der Mauer des Mannes ab.

Im Rückzugs-Modus herrscht auch Ohnmacht, hier handelt es sich aber eher um eine taube Resignation. Die Frau denkt vielleicht, es wäre dem Mann egal und er schalte auf Durchzug, aber der Mann ist einfach nur verzweifelt und weiß keine andere Lösung mehr. Er hat das Gefühl, mit einem beständigen Strom von Vorwürfen und Forderungen konfrontiert zu sein. Er hört nur noch bestimmte Stichwörter wie »Du hast schon wieder ...« und stellt dann tatsächlich auf Autopilot und gefriert quasi ein. Er fühlt sich hoffnungslos, ob sich diese Situation noch ändern wird.

Wenn du dir das Ganze wie einen Tanz vorstellst, fordert die Frau ihren Mann verzweifelt auf, überhaupt wieder die Tanzfläche zu betreten, der steht aber abgewandt am Rand. Die Aufforderung bemerkt er gar nicht, er hört nur Kritik und Wut.

Dieses Muster durchzieht den ganzen Alltag. In einer akuten Eskalation kann es so ausschauen, dass es einen hässlichen Streit gibt, bei dem der Mann frustriert das Haus verlassen will, und die Frau ihn daran hindert, indem sie sich vor die Tür stellt. Wie brenzlig sich die ganze Situation entwickeln kann, kannst du dir sicherlich leicht vorstellen.

Wie lässt sich nun dieses Muster etwas auflösen?

- SCHRITT 1: Ihr erkennt als Paar zunächst an, dass ihr euch in einem zerstörerischen Ablauf befindet, an dem nicht EINER Schuld hat. Der wichtigste Step ist hier, zu verinnerlichen, dass nicht der Partner, sondern das *Muster der Feind* ist. Damit ist schon ganz viel gewonnen und Druck aus der jeweiligen Szene herausgenommen.
- SCHRITT 2: Ihr reagiert nicht mehr »blind« mit kopflosem Handeln auf diese ganzen Emotionen. Ihr fangt an, stattdessen die jeweiligen *negativen Emotionen auszudrücken*. In unserem Beispiel: Der Mann

rennt nicht mehr einfach raus, sondern kommuniziert: »Unser Streit frustriert mich wieder so, dass ich am liebsten rausrennen möchte.« Die Frau hingegen kann sagen: »Ich kann verstehen, dass du diesen Streit verlassen möchtest. Ich würde dich aber gerne hier halten, weil ich es nicht ertragen kann, dich nicht zu erreichen.« Wie ihr hier schon entdecken könnt, liegen die negativen Emotionen von Wut und Frustration wie eine Decke über viel verletzlicheren, tiefer sitzenden Wünschen und eher »weichen« Gefühlen.

- SCHRITT 3: Ihr erkennt eure eigentliche Agenda. Wenn beide einmal tief in sich hineinschauen (und auch noch genug Liebe da ist), werden sie feststellen, dass sie eigentlich das Gleiche wollen: *gesehen werden, geliebt werden, sich wichtig fühlen* an der Seite des Partners, gemeinsam Frieden erfahren. Wut, Kampf und Rückzug sind nur Stressreaktion darauf, dass man das mit dem Partner trotz aller Anstrengungen einfach nicht erreicht. Es ist für uns Bindungswesen unerträglich, unter einem Dach mit einem Menschen zu wohnen, den man eigentlich mag, aber an den man nicht herankommt.
- SCHRITT 4: Jetzt fangt ihr an, diese *Kontakt- und Bindungswünsche tatsächlich auszudrücken*. Die Frau sagt zum Beispiel: »Schatz, ich komme seit Längerem nicht mehr an dich heran. Das macht mir Angst, weil ich dir eigentlich gerne nahe sein möchte.« Der Mann könnte entgegnen: »Ich möchte so gerne mal wieder gesehen werden in dem, was ich für uns tue. Ich möchte gerne mal wieder einen Abend in Frieden mit dir verleben.«

Das ist natürlich alles nicht einfach und vielleicht braucht ihr dafür einen Paartherapeuten. Aber warum nicht zunächst mit Bordmitteln hantieren und ausprobieren.

Wenn ihr diese Schritte durcharbeitet, werdet ihr feststellen, dass die Attacke-Position, also hier die Frau, weicher wird. Die Rückzugs-Position, hier der Mann, kehrt zurück auf die Tanzfläche der Beziehung. Auf diese Weise wird aus einem Teufelskreis bzw. einer Abwärtsspirale quasi ein Engelskreis, also eine Aufwärtsspirale. Wenn in diesem Beispiel der Mann sich nicht mehr so zurückzieht und wieder mehr kommuniziert, muss die Frau auch nicht mehr so viel um seine Nähe kämpfen, und wiederum hat der Mann gar nicht mehr so viel Grund, überhaupt in die Distanz zu gehen.

Das sind diese schönen Situationen in der Paartherapie, wenn am Anfang der Stunde einer sagt: »Ach, das war viel besser die letzte Zeit, mein Mann war viel netter.« Der Mann erwidert dann: »Nein, du warst doch viel netter, deswegen konnte ich ganz anders sein.«

Das Rückzug-Rückzug-Muster

Dieses Muster ist viel problematischer, obwohl es deutlich ruhiger daherkommt. Beide befinden sich im Rückzug vom anderen, keiner ist mehr wirklich auf der Tanzfläche, jeder »macht sein Ding« und geht dem Partner eigentlich vollständig aus dem Weg.

Es kann sein, dass sich dieses Muster gleich in unteraktiveren Beziehungen entwickelt hat. Unter Umständen ist der Verfolger schlicht »ausgebrannt« und hat aufgegeben, dann lag vorher ein anderes Muster vor. Manchmal betrifft es Paare, die »ewig« zur Paartherapie gehen, aber solange keiner so richtig Druck hineinbringt, bewegt sich auch nichts. Da es zwischen den beiden aber kaum noch zu Streit kommt, fehlt zuweilen sogar der Impuls sich zu trennen. Es sieht aus wie eine »Komfortzone«, die in Wirklichkeit eine zeit- und kräftefressende Sackgasse darstellt.

Grundsätzlich gilt eine ähnliche Vorgehensweise wie oben, Fortschritte sind aber viel schwieriger zu erreichen, weil sich beide quasi nicht auf der Tanzfläche bewegen und damit der Drive fehlt. Bei genauem Hinsehen handelt es sich fast um die gleiche Situation wie vorne im Buch, die ich für das unteraktivierte Paar geschildert habe (S. 85), nur an dieser Stelle aus einem anderen Blickwinkel dargestellt. Entscheidend ist, hier wirklich wieder Reibung, absolut ehrliche Gespräche und das Durchbrechen der alteingefahrenen Rituale einzubringen. Die Gespräche sollten sich vor allem darum drehen, warum der eine wie der andere nicht mehr auf der Tanzfläche ist und wie sehr sich beide überhaupt noch lieben.

Das Verfolger-Verfolger-Muster

Dieses Muster gibt es – zum Glück – sehr selten, weil es so instabil ist. Wenn ein Paar länger in diesem Muster lebt, fliegt es einfach auseinander. Kurzfristig kann das Muster aber auch entstehen, wenn der sich zurückziehende Partner plötzlich ebenfalls austeilt. Das sind dann immer besonders unschöne Streitereien. Die Strategie, aus der Spirale zu entkommen, versucht klarzumachen, dass beide Partner sich in aller Regel etwas anderes wünschen als andauernden Streit und beide ungewollt heftig in ihrem Schmerzkörper angetriggert sind. Wenn das häufiger vorkommt, sollte man sich hier wirklich einen Paartherapeuten suchen, da jede Beziehung nur eine begrenzte Menge dieser Auseinandersetzungen verträgt.

Komplexe Muster

Insbesondere bei Paaren, bei denen beide oder einer von beiden stärkere Bindungstraumata (oder auch andere Traumata) aus der eigenen Biografie mitbringen, kann es quasi mehrere Zyklen nebeneinander geben. Nur ein kurzes Beispiel dazu: Bei der verbalen Kommunikation und im Alltagsleben ist vielleicht die Frau in der Attacke-Position, aber der Mann im Rückzug. Auf sexueller Ebene dagegen zieht sich die Frau aufgrund sexueller Traumata zurück und der Mann ist derjenige, der mehr einfordert. Auch hier sollte man besser einen Berater hinzunehmen.

Austarieren von Bindungsbedürfnissen

Wie im Buch ausführlich dargestellt, haben Menschen unterschiedliche Bindungsbedürfnisse. Und interessanterweise scheinen sich bei diesem Thema Gegensätze anzuziehen. Konkret bedeutet dieser Umstand dann, dass in vielen Beziehungen der eine mehr Nähe will als der andere. Wenn es sich um KEINE toxische Beziehung handelt, könnt ihr beginnen, eure unterschiedlichen Wünsche miteinander auszutarieren. Wenn es sich jedoch um eine toxische Beziehung handelt (siehe S. 165), laufen Bindungsangst und Verlustangst so extrem auseinander, dass da nichts zu machen ist. Da toxische Beziehungen eben – toxisch (= ungesund) sind, gibt es aus meiner Erfahrung heraus sowieso nur die eine Lösung, nämlich die Beziehung zu verlassen.

Ansonsten habt ihr gute Chancen, durch wirklich zielführende Kommunikation die Beziehung stabil zu halten und zu verbessern. Zunächst einmal ist es extrem wichtig, anzuerkennen, dass es überhaupt diese unterschiedlichen Stile gibt und dass daran nichts falsch ist bzw. dass vor allem nicht einer der Partner falsch ist. Die erste Aufgabe lautet wiederum, sich *gegen diese Probleme zu verbünden*, und nicht zu versuchen, gegen den Partner zu »gewinnen« (was sowieso immer eine Niederlage ist).

Das Vorgehen gestaltet sich eigentlich ganz einfach, aber im Detail – wie leider so oft – lässt es sich gar nicht so leicht umsetzen. In diesem Fall geht es um sogenannte *innere Standards*. Innere Standards sind diejenigen, die ich an MEIN Verhalten anlege, anders ausgedrückt, wie ich mit MEINEN Emotionen umgehe. Ähnlich wie bei den Standards bezüglich des Partners hilft es ungemein, diese Verhaltensziele einmal ganz explizit aufzuschreiben.

Der Partner *mit mehr Verlustangst* und stärkeren Nähe-Wünschen wird in Absprache mit dem Partner innere Standards festlegen müssen, mit denen er vermehrt sich selber beruhigt und nicht immer die Bestätigung des Partners sucht. Das umfasst ganz konkrete Dinge, dazu wieder ein paar Beispiele:

- Ich schreibe keine WhatsApp, wenn er mit seinen Jungs unterwegs ist.
- Ich beziehe auch andere Menschen mit ein, meine sozialen Bedürfnisse zu erfüllen.
- Wenn ich länger nichts vom Partner höre, nehme ich erstmal immer das Beste / Harmloseste an.
- Wir strukturieren unsere Freizeit in Paarzeit und Nicht-Paarzeit, in der Nicht-Paarzeit beschäftige ich mich selbst und entwickle keine Wut gegen den Partner.
- Ich melde mich nur in Notfällen, wenn mein Partner arbeitet.

Diese Punkte sind natürlich für jedes Paar anders.

Der Partner *mit weniger Nähe-Bedürfnissen* hat entsprechend genauso viele Aufgaben. Die könnten wie folgt aussehen:

- Wenn ich unterwegs bin und an meinen Partner denke, schreibe ich ihm.
- Ich melde mich jeden Tag mit einer persönlichen Nachricht und halte auch meine Emotionen nicht zurück.
- Auch wenn mir nicht immer nach Nähe ist, versuche ich einen Weg zu finden, wie eine Situation für uns beide schön sein kann.
- Ich kommuniziere meinem Partner, dass er die höchste Priorität in meinem Leben hat, auch wenn ich mehr für mich sein möchte.

All das hört sich vielleicht zunächst anstrengend an. Aber tatsächlich vermeidet man mit diesen Strategien (falls sie nötig sind), dass sich ein Teufelskreis fortentwickelt, bei dem man sich immer weiter in seine Ängste hineinsteigert. Tatsächlich bekommt ihr letztlich auf diese Weise genau das, was ihr euch so sehnlichst erwünscht: gegenseitige Wertschätzung.

Ich wiederhole mich gern: Wenn sich der »Verlustängstler« nur etwas stärker (ich sage immer, so um 20 %) zurückhält, hat der vermeidende Partner schon gar nicht mehr so viele Gründe, in Distanz zu gehen, was wiederum den »Verlustängstler« beruhigt und so weiter. Also ihr vermeidet nicht nur einen für beide unangenehmen Teufelskreis, sondert schafft geradezu einen »Engelskreis«, bei dem sich die gegenseitigen Befürchtungen beruhigen.

Die apokalyptischen Reiter der Beziehung

Dieser Begriff stammt von John Gottman, einem bekannten amerikanischen Psychologen im Bereich der »Ehestabilität«.

Gottman gibt an, eine Methode entwickelt zu haben, mit der mit 90 % Wahrscheinlichkeit vorausgesagt werden kann, welche neu verheirateten Paare verheiratet bleiben und welche nach 4 bis 6 Jahren geschieden sein werden. Die Methode kann angeblich auch mit 81 prozentiger Genauigkeit voraussagen, welche Ehen 7 bis 9 Jahre überstehen. Er hat dabei fünf (früher waren es vier) sogenannte apokalyptische Reiter der Beziehung entdeckt, die Beziehungen massiv gefährden.

Reiter 1: Kritik

Hier geht es nicht um konstruktive Kritik, sondern diese nagende »Du-machst-nichts-richtig«-*Kritik*: »Warum hast du schon wieder deine Jacke nicht aufgehängt, nicht aufgeräumt, nicht abgespült?« usw.

Ich nenne das auch gerne die DU-Kommunikation, die dich immer zuerst in eine Abwehrhaltung bringt (im Gegensatz zur ICH-Kommunikation, die Dinge aus der eigenen Befindlichkeit formuliert). Diese Art der Kritik führt häufig zu nichts anderem als einer Gegenreaktion, weil sich der Angegriffene meint verteidigen zu müssen, bevor er überhaupt daran denken kann, auf den Inhalt einzugehen.

Reiter 2: Verteidigung / Rechtfertigung

Zu Reiter 1 passend kommt obendrein Reiter 2! Tatsächlich ist der Impuls zu meinen, sich wieder und wieder *verteidigen* zu müssen, der nächste apokalyptische Reiter. Es scheint auf den ersten Blick naheliegend, sich zu verteidigen, vielleicht im Sinne von: »Habe ich doch schon erledigt, mache ich gleich«, oder sogar das Verhalten, das der andere kritisiert hat, brummelig und mit Wut im Bauch augenblicklich umzusetzen. Es ist aber genauso eine Verweigerung der wirklichen Kommunikation, bei der beide überlegen müssten, worum es hier eigentlich WIRKLICH geht. Es gilt in diesen Fällen der Spruch: »Wer sich rechtfertigt, klagt sich an.« Also: Kritik führt zur Rechtfertigung, aber Rechtfertigung führt auch zu noch mehr Kritik – wieder ein Teufelskreis.

Was wäre eine bessere Reaktion, die den Kreis durchbricht? Du könntest auf die Meta-Ebene gehen und sagen: »Schatz, was ist hier eigentlich los? Du kritisierst mich andauernd.« Du kannst dich auch ruhig abgrenzen und einwenden: »Nein, das mache ich heute nicht. Ich bin zu müde. Warum ist das überhaupt so wichtig?« Selbst eine Reaktion wie »Ich möchte nicht mehr so angemacht werden, das trifft mich sehr. Kannst du das bitte verändern?« wäre zielführender.

Reiter 3: Verachtung

Wenn der Zersetzungsprozess einer Beziehung weit fortgeschritten ist, kann noch *Verachtung* dazukommen. Gottman nennt diesen Punkt »Schwefelsäure für die Beziehung«. Tatsächlich ruiniert fast nichts eine Beziehung mehr als Verachtung dem anderen gegenüber. Es geht jetzt nicht mehr um die Lösung von Konflikten, es wird absichtlich Salz in die Wunden gestreut.

Nicht vergessen sollte man auch die kleine Schwester der Verachtung: den *Sarkasmus*. Sarkasmus hat in der Beziehungskommunikation nichts zu suchen. Gar nichts! Sarkasmus ist Aggression, getarnt im Mantel von »Ich mache nur ein bisschen Spaß, stell dich doch nicht so an«. Es zersetzt die Beziehung genauso, und der andere hat es zusätzlich noch schwerer, sich dagegen zu wehren.

Wenn im Rahmen sarkastischer Kommunikation auch noch intime Details eingesetzt werden, wird es richtig schlimm.

Reiter 4: Rückzug / Mauern

Der vierte Reiter ist wiederum der letzte Rückzugspunkt eines Partners, der sich ständiger Kritik oder vielleicht auch Verachtung ausgesetzt sieht. Er schaltet einfach ab beziehungsweise auf Durchzug. Er lässt alles an sich abprallen.

Das ist vielleicht verständlich, aber – wie oben bei den Zyklen von Attacke und Rückzug beschrieben, das komplette Verschwinden von der Tanzfläche hämmert den nächsten Sargnagel in die bröckelnde Beziehung.

Mauern können aber auch schon am Anfang des Teufelskreises stehen, wenn sie beispielsweise von einem bindungsängstlichen Partner generiert werden.

Reiter 5: Machtdemonstration

Hier ist die Erosion der Beziehung noch weiter fortgeschritten. Man demonstriert direkt gegenüber dem Partner Momente von *Macht* und (scheinbarer) Überlegenheit. Es ist einem egal, welche Wirkung das auf den Kontakt hat. Auch in einer beginnenden Trennung kann man diesen Punkt in einem »Rosenkrieg« sehen. (An dieser Stelle sei darauf hingewiesen, dass sich auch nach einer Trennung der Kontakt weiter verschlechtern kann, was insbesondere mit Kindern keineswegs egal ist.)

Selbst wenn die Beziehung am Zerbrechen ist, führt es keineswegs zum Ziel, diesen Impulsen des eigenen Schmerzkörpers nachzugeben.

Taten zählen mehr als Worte

Viele Beziehungen und auch Beziehungsanbahnungen leiden massiv darunter, dass Worte und Taten nicht zusammenpassen. Ich kann nur jedem sehr raten, im Zweifelsfall auf die *Taten* zu achten. Es bringt nichts, wenn du gesagt bekommst, »Ich liebe dich«, aber das Verhalten vielleicht lauter Abgrenzungen und Mauern durchscheinen lässt. Insbesondere bei Näheangst kann es zu einer Fülle von gemischten Botschaften kommen.

Du solltest daher in einer Krise nicht so viel darauf geben, was jemand sagt, sondern mehr, was er tut. Das zeigt dir die wahre gegenwärtige Realität der Beziehung.

Achtung: Die »Auszeit«

Im Rahmen heftiger Beziehungsauseinandersetzungen wird häufig eine *Auszeit* vorgeschlagen, meistens von der Frau. Dies ist ein extrem kritisches Ereignis, und wenn es noch keine lange Beziehungshistorie, Kinder, Haus etc. gibt, würde ich empfehlen, das Ganze kurz und schmerzlos zu beenden. Auszeit heißt übersetzt: »Ich habe keine Gefühle mehr für dich.« Nun verhält es sich so, dass insbesondere Frauen langsam, aber stetig aus einer nicht funktionierenden Beziehung entfliehen. Sie versuchen eine lange Zeit vorher, Dinge mehr oder weniger erfolgreich anzusprechen. Wenn aber schon eine »Auszeit« angesprochen wird, ist »der Drops in der Regel schon gelutscht«. Dann erweist sich eine kompromisslose Trennung für die Beziehung selbst als besser, weil nun beide WIRKLICH nachdenken, ob sie das so gewollt haben.

Falls doch eine Auszeit vereinbart werden sollte, müsst ihr exakt festlegen, wie lange sie dauern und welche Rahmenbedingungen gelten sollen. Seid ihr noch zusammen oder nicht, darf man andere Menschen daten? Was ist mit vorhandenen Kindern? Dehne die Auszeit nicht zu sehr aus, man überschätzt häufig, wie lange jemand Ungewissheit ertragen kann.

Wenn dazu ein Auszug stattfindet, solltest du ihn nicht länger als 3 bis 4 Monate im Voraus planen. Die »Fliehkräfte« in der Beziehung werden sonst zu groß. In einer Auszeit kann durchaus eine Paartherapie fortgesetzt werden, das kann sogar sehr sinnvoll sein.

Die »symbolischen« Tage

Wenn es heftig kracht, solltest du mit Umsicht die sogenannten *symbolischen Tage* planen. Symbolische Tage sind besondere Beziehungstage im Jahr. Sie sind für jedes Paar anders, doch in der Regel gehören Weihnachten, der Valentinstag, der Jahres- oder Hochzeitstag und Geburtstage dazu. Diese Zeiten zählen 10-fach, ja 50-fach (zumindest für einen Partner). Hier versuchen wir in besonderer Weise herauszufinden, wie der Partner zu uns steht. Hat er / sie an den Tag gedacht? Kann ich spüren, dass ich etwas Besonderes bin, der andere sich Mühe gibt?

Manche Tage werden noch höher eingestuft. Immer wieder habe ich in der Paartherapie Dinge gehört wie: »Mein Mann konnte sich ja nicht freimachen zur Geburt unserer Tochter« – in einem Tonfall, als wenn es gestern gewesen wäre, dabei liegt der Geburtstag vielleicht 20 Jahre zurück.

Gerade wenn alles auf der Kippe steht, solltest du diese Tage gründlich mit dem Partner bereden, damit beide wissen, was auf sie zukommt. Es geht nicht darum, an einem Valentinstag ein Feuerwerk abzubrennen. Es geht nur darum, zu überlegen, was jetzt gerade angemessen ist! Das kann eine Kleinigkeit sein, aber wenigstens weiß jeder, was kommt und welche Bedeutung der Tag für den jeweils anderen hat – und schon gibt es keine neue Munition, mit der ihr um euch schießt.

Fehler, die du an diesen Tagen machst, können eine Beziehung sofort zerstören. Ich erinnere mich an ein Paar, dass den 15. Hochzeitstag mit einer Party gefeiert hat. Es kriselte gewaltig. Der Mann hielt eine total sarkastische Rede über seine Frau (merke: Sarkasmus hat in eurer Beziehungskommunikation nichts zu suchen!). Da das Ganze quasi öffentlich beschämend war, beendete die Frau direkt die Beziehung.

17 Fremdgehen

Was ist Fremdgehen?

Häufig ist gar nicht so klar, was Fremdgehen eigentlich umfasst. Jedes Paar hat eigene Standards, die letztlich frei verhandelbar und natürlich auch Teil des Zeitgeistes sind. Es spielt in diesem Zusammenhang keine Rolle, ob wir »biologisch« dafür gedacht sind, monogam zu leben, denn Sexualität hat beim Menschen genauso viel mit Biologie zu tun wie mit kultureller Überformung. Es geht in erster Linie also darum, dass man als Paar bestimmte Dinge vereinbart (oder stillschweigend annimmt) und sich ein oder beide Partner dennoch nicht daran halten. Authentizität und Ehrlichkeit sollten die Vereinbarung bestimmen.

Wenn es beiden Partnern nicht bewusst ist, welches Übereinkommen sie zum Thema Fremdgehen eigentlich haben, macht es sicherlich Sinn, darüber in aller Deutlichkeit zu sprechen.

Fremdgehen meint aus meiner Sicht, dass jemand mit einem anderen Menschen des anderen Geschlechtes die gleiche oder sogar mehr Intimität teilt als mit dem Partner und dies zusätzlich verheimlicht. Das beinhaltet in aller Regel Sexualität, kann aber auch eine besondere Rede-Beziehung umfassen (sog. emotionales Fremdgehen).

Musst du Fremdgehen verzeihen?

Meine eindeutige Antwort ist: Nein, überhaupt nicht. Du kannst deinem Partner selbstverständlich verzeihen, weil er etwas Menschliches gemacht hat, aber du musst nicht bei ihm bleiben. Ich persönlich hätte wenig Lust dazu. Aber das muss und darf jeder selber entscheiden. Für mich ist die Loyalität einer Partnerin die fast wichtigste Eigenschaft, aber das braucht nicht für jeden so zu sein.

Die Forschung sagt, dass schon einmaliges Fremdgehen oder massives Lügen das Vertrauen nachhaltig schädigt. Für manche Paare ist das nur eine Narbe, die bleibt, mit der beide prima weiterleben können. Andere schlafen nur noch »mit einem Auge offen« und haben nicht mehr die gleiche Freude an ihrer Beziehung.

Eigenes Fremdgehen?

Wenn du wirklich etwas nebenbei laufen hattest und du aus der Situation heraus willst, musst du eine Entscheidung treffen: »Sag ich es oder nicht?« Die Frage ist viel komplexer, als sie zunächst aussieht. Du hast eine Verantwortung für die eigene Wahrheit. Manche entlasten sich von ihren Gewissensbissen und übersehen dann aber, dass sie vielleicht eine wirklich gute Beziehung zerstört haben. Ein Beispiel dafür ist der One-night-Stand in betrunkenem Zustand, den du wirklich bereust, da du jahrelang eine erfüllende und gute Beziehung führst. Damit will ich nicht sagen, dass du einen One-night-Stand nicht beichten solltest. Aus meiner Sicht solltest du dir nur sehr gründlich die verschiedenen Beweggründe und Folgen deines Handelns durchdenken, anders ausgedrückt, du solltest eine wirklich verantwortungsvolle Entscheidung treffen. Logischerweise macht »Nichts-Sagen« nur Sinn, wenn du dann auch wirklich aufhörst. Die Verleugnung an diesem Punkt ist oft extrem groß.

Als Kompass kannst du immer überlegen, was du dir wünschen würdest, wenn dein Partner in der gleichen Situation wäre.

Krisenmodus: Wie verhält man sich am besten?

Schritt eins

Gerade wenn du von der Affäre aus heiterem Himmel erfahren hast, weil eine Nachricht auf dem iPhone aufgeploppt ist oder der Partner gerade alles erzählt hat, kommt es unweigerlich zu einer heftigen Krise bei euch beiden. Du fällst aus allen Wolken.

Für den Fremdgänger ist es jetzt entscheidend, ALLES auszupacken. Nichts ist schlimmer als die in der Politik sehr beliebte Salami-Taktik. Wenn der andere schon einen Schock zu verarbeiten hat, und dann kommt nach 2 Monaten heraus, dass es doch zwei Frauen waren und sich die Affäre nicht etwa 3 Wochen, sondern 9 Monate hinzog, dann ist die Bandbreite der Toleranz meistens vollständig erschöpft. Eine Lüge kann dein Partner (vielleicht) verkraften, aber Lügen innerhalb der Aufarbeitung überstehen viele Beziehungen nicht (oder auch Lügen innerhalb einer eventuell aufgenommenen Paartherapie). Pack wirklich alles auf den Tisch. Alles heißt: Was ist in etwa mit wem über welchen Zeitraum passiert? Umgekehrt solltest du möglichst nicht erzählen, wie es exakt gewesen ist, Lucy vom Sportkurs zu küssen ... diese ganzen Details schaffen nur Bilder im Kopf, die der Partner kaum wieder los wird. Aber der Umfang, das Ausmaß sollte deutlich werden zusammen mit Einzelheiten, die auch deinen Partner betreffen: ob du dich beim Sex geschützt hast, ob du verliebt bist usw., das musst du deutlich herausstellen.

Dem Betrogenen kommt jetzt eine sehr wichtige Rolle zu. In diesem Krisenzustand geht es nicht darum, dass du den Fremdgänger »verstehst«. Nein, du musst glasklar machen, dass der ganze »Mist« sofort aufhören muss und du ansonsten keinen Millimeter weitergehst. Hier ist wirklich einmal Härte angebracht, so elend du dich auch fühlst und vielleicht am liebsten »betteln« würdest, dass der andere dableibt. Vorschnell alles verzeihen und dem Fremdgänger vielleicht noch Geschenke machen – das funktioniert vielleicht im Hollywood-Film, aber nicht in der Realität. Es macht dich nur (sorry) noch unattraktiver, anders ausgedrückt: Es vermittelt dem Fremdgänger, dass es doch gar nicht so schlimm für dich ist. Also, wenn dein Partner meint, ein kleines süßes Dreieck mit dir inszenieren zu können, oder sich nicht »entscheiden« kann zwischen euch beiden, dann schmeiß ihn hinaus ins nächstbeste Hotelzimmer. Oder zumindest auf die Couch. Wasche seine Socken nicht mehr, schlaf nicht mehr mit ihm, lass deutlich werden, dass die Beziehung gerade auf Eis liegt. Natürlich darfst du sagen, du würdest das Dilemma gerne in den Griff bekommen, aber das geht schlecht, solange der andere verliebt in der Gegend herumläuft und das auch noch auslebt.

Vielleicht hast du Angst, dass du deinen Partner damit noch mehr von dir forttreibst. Aber glaube an die Kraft deiner Selbstliebe und deiner Standards. Es gibt fast nichts, was attraktiver ist. Der Fremdgänger MUSS SPÜREN, was es heißt, die Beziehung aufzugeben, dich nicht mehr in der Nähe zu haben, dich zu vermissen. Und was geschieht, wenn er so überhaupt gar nicht reagiert? Na, jemanden, der sich überhaupt nicht mehr für dich interessiert, den solltest du auch nicht mehr bei dir haben wollen.

Wenn der Kontakt abgebrochen ist (auch per WhatsApp und Co. bitte: NULL Kontakt), dann könnt ihr euch Zeit nehmen, über euch zu reden. Aber bitte, Kontakt abbrechen geschieht jetzt und hier, es braucht kein letztes tränenreiches Treffen mit der Affäre mehr. Dann ist es auch in Ordnung, wieder Sex miteinander zu haben (oft kurbeln Affären sogar die Sexualität in der eigentlichen Beziehung an – was dann ein gutes Zeichen ist!). Aufpassen müsst ihr jetzt nur, dass ihr noch genug schlaft und nicht rund um die Uhr redet. Eine Woche lang kann das guttun, aber danach bringt es eigentlich nicht mehr so viel. Hier helfen manchmal »Tricks« wie: nur jeden Tag exakt 30 Minuten streiten, nur in einem Zimmer streiten usw. Ich möchte nochmals betonen, dass exquisite Details nichts in solchen Gesprächen zu suchen haben und nur schaden. In dieser Phase kann der Fremdgänger durchaus schon wieder Vertrauen aufbauen, indem er 100 prozentig ehrlich ist und preisgibt, was nicht hätte preisgegeben werden brauchen – zum Beispiel dass er durchaus noch an die Affäre denkt oder die andere vielleicht doch noch geschrieben hat. Alles andere hilft nicht. Abraten muss ich auch von Kontroll-Exzessen des Betrogenen, das führt gar nicht weiter. Wenn du dem anderen grundsätzlich nicht vertrauen kannst, lebst du sowieso in der falschen Beziehung. Auf die Dauer führt Kontrolle paradoxerweise nicht selten zu neuem Fremdgehen, auch das kann einen ganz eigenen Teufelskreis darstellen.

Analyse des negativen Paarzyklusses vor dem Fremdgehen
Schritt zwei

Nachdem die akute Krisenzeit vorbei ist, kann man sich an Schritt zwei wagen. Jetzt geht es nicht mehr so sehr um die persönliche Verantwortung des Fremdgehers, sondern um die gemeinsame Verantwortung als Paar. Welche oft langjährigen Prozesse haben zu diesem Ergebnis geführt?

In Schritt zwei stellt sich die Aufgabe herauszufinden, ob nicht in einem weiteren Sinne »Illoyalität« auf mehreren Ebenen und von beiden der Affäre vorausgegangen ist. Was ich damit meine, soll folgendes Beispiel verdeutlichen: Der Mann geht fremd. In der weiteren Analyse nach der Aussprache zeigt sich, dass es schon eine lange Zeit fast keinen Sex mehr zwischen ihnen gegeben hat und der Mann seine Partnerin als sehr abweisend empfindet. Letzteres könnte man als eine Art Illoyalität der Frau werten. Wenn beide noch tiefer bei sich nachschauen, kommt zutage, dass die Frau deshalb Sex abgelehnt hat, weil sie sich bezüglich der Kinder völlig im Stich gelassen fühlt. Der Mann wiederum hat sich deshalb aus der Erziehung etwas zurückgezogen, weil er das 2. Kind eigentlich gar nicht haben wollte usw. In einer solchen Verkettung von Beweggründen geht es jetzt nicht mehr darum festzustellen, wie viel »persönliche Schuld« jeweils von welchem Partner zu verantworten ist, sondern nur zu verstehen, dass es sich um einen langjährigen Zyklus von mangelnder Kommunikation und gegenseitiger Missachtung handelt. Auch in einem solchen Fall ist es entscheidend und hilfreich, den Prozess als »Feind« zu sehen, nicht den Partner an sich.

Wenn ihr überlegt, was der Beziehung womöglich gefehlt hat, hilft auch die Betrachtung der Affäre selbst (auch wenn das unangenehm ist). Wenn du mit dem Affären-Partner so gut reden konntest und er so gut zugehört hat, fehlt offenbar genau das. Wenn die Affäre so spontan entstand, unternehmt ihr scheinbar nicht mehr so viel als Paar miteinander usw.

Aus der Sammlung dieser Daten (aufschreiben nützt immer) und des langjährigen Kreislaufes sollte eigentlich herauszufinden sein, was ihr verändern müsst.

Oft kann hier ein Paartherapeut besonders gut helfen. Aber eine wirklich gute Kommunikation sollte euch an dieser Stelle auch schon recht weit bringen, wenn der Wille dazu wirklich vorhanden ist.

Es gibt Paartherapeuten, die sagen, dass ein Paar einen unbewussten Vertrag abschließt: Der eine geht fremd, um eine bestimmte Dynamik in die Beziehung zu bringen und eingeschliffene Verhaltensweisen zu verändern, die dem Paar schaden. Das hört sich zunächst verrückt an. Aber stell dir nur einmal vor, es würde stimmen, was könnte das für euch bedeuten? Was musste auf diese harte Weise vielleicht zerstört werden, weil es nicht gut für euch war? Mit dieser Frage soll natürlich nicht ausgedrückt werden, man hätte Fremdgehen zwingend gebraucht, um die Paardynamik zu verändern. Aber eines ist klar: Keiner kann nach dem Fremdgehen dahin zurück, wo man als Paar vorher war – und das kann durchaus konstruktive Aspekte haben. Die Komfortzone ist verlassen, ihr müsst an euch arbeiten.

Verzeihen
Schritt drei

Wenn ihr wirklich alle Stufen durchlaufen habt, etwas Zeit verstrichen ist und es grundsätzlich wieder läuft, dann könnt ihr ans *Verzeihen* denken. Bewährt hat sich hier ein kleines Ritual. Ihr könnt zum Beispiel Dinge aus dieser schlechten Zeit auf Zettel schreiben und diese anschließend verbrennen. Wichtig ist, dass jeder tatsächlich sagt: »Ich verzeihe, dass du …« Du machst dieses Verzeihen übrigens nicht für den anderen, sondern für dich. Du willst nicht die nächsten zehn Jahre darüber nachdenken und diese Geschichten immer wieder aufwärmen. Dein Herz kann nicht heilen ohne Verzeihen. Wenn du nachhaltig nicht verzeihen kannst, ist es Zeit zu gehen.

Wenn verziehen wurde, ist das Thema ab dann ein »Non-Thema«, das heißt es sollte, nein es darf nie wieder darüber gesprochen werden.

Kann Fremdgehen positive Auswirkungen haben?

Ja, überraschenderweise kann es die tatsächlich geben. Es kann, gut verarbeitet, ein Weckruf für eine Beziehung oder auch die persönliche Entwicklung sein (wie alle Krisen). Insbesondere wenn es sich um ein zeitlich definiertes Ereignis handelt, es echte »Reue« gibt, der andere ernsthaft verzeihen kann, man danach wirklich etwas ändert – ja, dann kann es positive Auswirkungen haben. In der Paartherapie sagt man manchmal dazu: »aus Scheiße Dünger« machen.

Chronisches Fremdgehen

Es macht einen großen Unterschied, ob man nach 5, 10, 15 Jahren *einmal* fremdgeht oder ob es ein Muster andauernder Illoyalität gibt. Manche Menschen haben z. B. aufgrund von Beziehungsangst ein grundlegendes Problem mit Commitment. Das muss sich nicht nur im Fremdgehen zeigen, sondern kann auch im Alltag beobachtet werden. Vielleicht flirtet dein Partner vor deiner Nase mit anderen, schreibt sich mit anderen Menschen, belügt dich, was Kleinigkeiten angeht. Oder du hast einfach nur ein permanent schlechtes Bauchgefühl. Bei chronischem Fremdgehen ist es oft nicht sinnvoll, weiter »an Bord« zu bleiben. Es ist schlicht zu toxisch, und du erhältst keinerlei Sicherheit, dass es wirklich aufhört.

Besondere Situationen

Zum Fremdgehen gehört natürlich auch, sich beim Sex in »professionelle« Hände zu begeben. Ob du als Betrogener das mehr oder weniger schlimm findest, bleibt dir selbst überlassen. Du solltest aber nicht davon ausgehen, dass beim Mann bei Prostituierten keine Gefühle entstehen.

Es kommt auch erstaunlich oft vor, dass sich jemand in das eigene Geschlecht verliebt (meistens bei Frauen, aber kommt natürlich auch bei Männern vor). Viele Männer nehmen es interessanterweise nicht so ernst, wenn sich die eigene Frau in eine andere Frau verliebt. Dazu besteht aber überhaupt kein Grund: Fremdgehen bleibt Fremdgehen.

Fremdgehen vermeiden

Letztlich kannst du Fremdgehen natürlich nicht hundertprozentig vermeiden. Hilfreich ist es auf jeden Fall, gar nicht erst jemanden zu daten, der eine Historie beim Fremdgehen hat. Es gibt viele Menschen, die das einfach aus Gewohnheit oder mangelnder Empathie machen.

Dann kannst du natürlich eine gute Einstellung entwickeln, eine Beziehung nicht einfach laufen zu lassen. Wende die Infos im Kapitel »Grundpflegeprogramm« an und versuche in deiner Polarität zu bleiben. Eine gut laufende Beziehung ist dennoch keine 100-prozentige Versicherung gegen Fremdgehen, da spielen eben auch andere Faktoren mit hinein.

Außerdem nützt es ungemein, gleich zu Beginn einer Beziehung die eigenen Dealbreaker zu kommunizieren. Wenn Fremdgehen für dich bedeutet, die Beziehung ist eigentlich zu Ende, solltest du das am Anfang auch so klarstellen.

Bedenke dabei, dass Fremdgehen eigentlich immer auch Lügen beinhaltet – das ist das eigentliche Problem. Wenn du dich »fremdverliebst« oder du mit jemand anderem schlafen willst, dann sei so mutig und kommuniziere das rechtzeitig. Fremdgehen ist das dann nicht mehr, aber natürlich kann dir dabei sehr gut die Beziehung um die Ohren fliegen. Dennoch ist meine Überzeugung, dass du kein Leibeigener deiner Beziehung bist und deine eigenen Entscheidungen treffen darfst. Du musst nur die Konsequenzen dazu tragen.

Häufig wird massiv unterschätzt, was eine Beziehung alles tragen könnte, wenn jeder nur den anderen Partner einbeziehen würde. Darin zeigen sich echte Authentizität und Ehrlichkeit – die wiederum ziemlich attraktiv wirken.

18 Wann ist es vorbei? Umgang mit Trennungen

Wie lange muss ich kämpfen?

Je länger eine Beziehung andauert, umso länger ist meist die Phase, in der sie auseinanderfällt. Man hat sich aneinander gewöhnt, auch wenn nicht alles rundläuft, und die Aussicht darauf, wieder Single zu sein, berauscht dich nicht sehr. Dazu kommt, dass unser Gehirn Gewohntes gerne überbewertet und neue Möglichkeiten eher unterbewertet.

Wenn die Reibung, die Streits, die Langeweile oder was auch immer permanent zunehmen, hör auf, auf deinen Partner einzuschreien oder ihn zu ignorieren. Nimm dir stattdessen die vielen Werkzeuge aus diesem Buch, und versuche als allererstes, eure Situation zu analysieren.

Eine Beziehung hat einen Wert, mit Kindern und vielleicht anderen gemeinsamen Projekten einen hohen Wert, und es macht absolut Sinn zu versuchen, sie erst einmal zu retten. Tatsächlich sind 70 % aller Menschen nach der Trennung einer Langzeitbeziehung von 5 Jahren unzufrieden mit dem Einschnitt. Und der Dating-Markt macht viel weniger Spaß, als du vielleicht denkst.

Die entscheidende Frage lautet jetzt: Lieben wir uns eigentlich noch und verstehen uns nur einfach nicht mehr? Kommunizieren wir nicht gut? Oder hat sich eine oder einer schon komplett »entliebt«? Gehen unsere Lebenswege und Interessen nachhaltig auseinander? Diese Fragen sind leider erschreckend schwierig zu beantworten, und es braucht wirklich Zeit dazu, die Antworten herauszufinden. Die müsst ihr euch bei aller Betriebsamkeit nehmen.

Jetzt wäre vielleicht auch Zeit für eine gute Paartherapie. Diese wird aber nicht viel nützen, wenn die Beziehung vielleicht hoch toxisch verlief oder einer der Partner überhaupt keine Bereitschaft mehr zeigt. Ansonsten kann ich die Therapie nur sehr empfehlen.

Als falsch stellt sich zuweilen aber auch heraus, wenn du zu lange in einer Beziehung verharrst. Du verschenkst Zeit, in der du ein schönes Single-Leben führen oder mit jemand anderem glücklich werden kannst. Eine Beziehung hält so lange, wie sie hält, manche Beziehungen scheinen ein regelrechtes Ablaufdatum zu besitzen. Und das ist so in Ordnung. Du lernst mit jedem Partner, so lange es etwas zu lernen gibt. Ein Paar, das alle Probleme gelöst hat, würde vermutlich auch auseinandergehen, weil Entwicklung und Auseinandersetzung zu jeder Beziehung dazugehören. Ob du mit jemandem nur 3 Wochen dazulernen kannst oder ein ganzes Leben, das weiß niemand im Voraus. Dazu kommt noch, dass »ein ganzes Leben« heute viel länger dauert, als es jemals in der Menschheitsgeschichte der Fall war.

Wenn ihr beide das Gefühl habt, dass eure Beziehung kein festes Fundament hat, ist es auf jeden Fall gut, entsprechend aktiv zu werden und euch ganz zu trennen, oder eventuell einmal auf Probe getrennt zu wohnen. Aus meiner Erfahrung ist es nicht sehr gesund, sich zu »trennen« und anschließend so zu tun, als wäre gar nichts passiert; oder ein noch längeres Siechtum zu gestatten. Ich würde in einer solchen Situation empfehlen, sich an die Ratschläge im Kapitel »Liebeskummer« zu halten und 60 Tage stillezuhalten – selbst wenn ihr meint, die Trennung sei ein Fehler gewesen. Der Sinn dahinter ist, einfach Abstand zu bekommen zu den ganzen Körperhormonen, die jetzt Amok laufen.

Wenn ihr beiden wirklich und wahrhaftig zusammengehört, wird euch auf Dauer nichts trennen können. Also keine Angst vor einer ausgesprochenen und beidseitig vereinbarten Trennung. Wenn es dabei bleibt, dass Schluss ist, zieh aus, trenn dich von allem und dann schau dich nicht mehr um und geh nach vorne.

Keinesfalls solltet ihr eine Beziehung fortführen, in der Dealbreaker auftauchen. Natürlich muss jeder für sich definieren, was seine Dealbreaker sind. Das kann, wie oben beschrieben (S. 137), Fremdgehen sein oder aber Verhaltensweisen wie verbale / körperliche Gewalt oder Suchtprobleme. Natürlich könnt ihr daran gemeinsam arbeiten, aber warum sollte nicht zuerst derjenige, der einen Dealbreaker verursacht hat, an sich arbeiten? Und dann könntet ihr weiterschauen, was aus der Beziehung wird, ob ihr jetzt besser miteinander auskommt.

Natürlich haben immer beide Partner ihren Anteil an negativen wie positiven Entwicklungen, aber letztlich hat jeder von euch eine persönliche Verantwortung für die Grenzüberschreitungen, die er begeht.

Trennung mit Kindern

Dieses Thema ist so umfassend, dass ich dafür ein ganz eigenes Buch schreiben könnte. Eines ist zunächst festzuhalten: Kinder mögen grundsätzlich keine Trennungen. Und die Forschung bestätigt, dass Kinder in mäßig laufenden Beziehungen glücklicher sind als bei getrennten Eltern. Die Forschung sagt aber auch, dass nicht die Trennung an sich die größten Auswirkungen auf den Nachwuchs hat, sondern wie es danach weitergeht. Verstehen sich die Eltern trotz Trennung, sinkt bei einem Elternteil der Lebensstandard, verlieren die Kinder den Kontakt zu ihren Freunden – das sind im Grunde die wesentlichen Einflussfaktoren.

Aber: Du bist auch ein Vorbild für deine Kinder. Wenn deine Groß-Familie schon bis in die Steinzeit dysfunktionale, abhängige, unglückliche Beziehungen geführt hat und du dieses System heute fortsetzt, was werden wohl deine Kinder lernen? Genau, sie werden ihre Beziehungen in gleicher Weise leben. Jeder Fortschritt, den du in deiner Beziehungsfähigkeit und im Abbau deiner Co-Abhängigkeit (s. u.) erzielst, reichst du nach »unten« an deine Kinder weiter – auch wenn deine Kinder schon relativ groß sind.

In meiner Praxis habe ich mindestens genauso viele Klienten, die sich darüber beschweren, dass sich die Eltern NICHT getrennt haben, wie die, die unter dem Gegenteil leiden.

Wenn eine Trennung beschlossen ist, solltet ihr auch die Kinder informieren. Sie spüren ja sowieso, dass etwas in der Luft liegt. Das ist mit Sicherheit einer der ätzendsten Tage, die ihr in eurem Leben habt. Ihr solltet dabei klar die Fakten schildern (altersgerecht bitte) und vor allem betonen, dass die Trennung gar nichts mit den Kindern zu tun hat (denn das denken tatsächlich viele Kinder). Dann solltet ihr ruhig beschreiben, wie es nun ganz praktisch weitergeht. Es hilft, wenn ihr in diesem Gespräch nicht selber weint, das macht es sonst für die Kinder noch viel schlimmer. Gemeinsame Trauer könnt ihr im Nachhinein mit den Kindern durchleben.

Befreundet bleiben

Soll man nach einer Trennung befreundet bleiben? Das ist schwer zu sagen und von Fall zu Fall unterschiedlich. In meinen Visionen am Ende des Buches plädiere ich jedenfalls dafür, dass es zumindest möglich ist.

Realistischerweise wäre ich in heutiger Zeit allerdings vorsichtig. Es mag naheliegen, wenn ihr eine unteraktivierte Beziehung geführt habt oder gemeinsame Kinder hattet. Erstaunlicherweise gibt es viele Paare, die auseinanderziehen, aber letztlich – trotz der Trennung – große Teile ihres Lebens zusammen verbringen.

Eine solche Konstellation klingt zunächst verlockend, kann für Kinder aber sehr verwirrend sein, und letztendlich auch für das Paar. Warum? Bedenkt, dass ihr nicht nur die EINE Trennung vollzieht, die ihr aussprecht. Hinzu kommen die Trennung des Ausziehens, die Trennung des Keinen-Sex-mehr-Haben, die Trennung des Sex-mit-jemand anderem-Haben und schließlich die Trennung, bei der eine von euch einen neuen, ernst zu nehmenden Partner hat. In dem oben beschriebenen Szenarium werden nicht alle Trennungen erreicht, und das muss nicht unbedingt gut sein. Man hält sein eigenes Leben auf und wird so kaum jemand Neues finden. Und selbst wenn, wird diese Person (hoffentlich) nicht akzeptieren, dass das vorherige Familienleben einfach fröhlich weitergeht.

Wenn die Beziehung ansatzweise toxisch war (s.u. S. 165) oder sehr überaktiviert, ist es ernsthaft besser, nicht »befreundet« zu bleiben (Ausnahme: Natürlich kommt jeder weiterhin seinen Vater- bzw. Mutter-Pflichten nach, wenn irgend möglich – bei hoch toxischen Beziehungen kann selbst das aber nicht mehr möglich sein).

Ich empfehle in der Tat, auf Freundschaften zu Ex-Partnern zu verzichten – im Sinne des eigenen Fortkommens in Richtung echter Autonomie und Unabhängigkeit. Mach »einen Haken dran«, geh durch den »Entzug« und sei dann auch wirklich offen für etwas Neues.

Wenn du allerdings auf deinem Bewusstseinsweg vorangeschritten bist und tatsächlich genau weißt, was du tust, triff gerne andere Entscheidungen.

19 Liebeskummer

Eine der grauenvollsten Erfahrungen im Leben ist Liebeskummer in seiner vollen »Blüte«. Du bist dann buchstäblich wie auf Entzug von deiner »Droge«. Immer geht voraus, dass du »ein Gut« heiß ersehnst – in diesem Fall eben Nähe und Liebe –, und nun wird es dir plötzlich genommen. Selbst wenn du an der Beziehung selbst gezweifelt hast, willst du noch lange nicht, dass der andere Schluss macht. Das Ego meldet sich heftig zu Wort .

Liebeskummer hängt stark von der Anzahl der Hochs und Tiefs ab, anders ausgedrückt von der Wechselhaftigkeit einer Beziehung. Die »Güte« einer Beziehung ist interessanterweise gar nicht so ein starker Einfluss-Faktor. Daher kann heftiger Liebeskummer durchaus nach kurzen Dating-Phasen entstehen. Andererseits geht eine lange, unteraktivierte Beziehung vielleicht sang- und klanglos auseinander. Typisch ist das Phänomen nach On-/Off-Beziehungen bzw. allen Formen von überaktivierten Beziehungen. Tendenziell gilt: Je länger die Achterbahnfahrt gedauert hat, umso länger hält der Liebeskummer danach an. Das ist das Kriterium dafür, warum ich On-/Off-Beziehungen so gefährlich finde.

Im Grunde ist Liebeskummer ein Irrtum – der Irrtum des Mangels. Der Irrtum, dass du nur mit einem (bestimmten) Menschen in deinem Leben glücklich sein kannst und du etwas unfassbar Wertvolles verloren hast. Dabei bedeutet heftiger Liebeskummer eigentlich viel mehr, dass du nicht genügend Kontakt zu dir selber hast und / oder Beziehungen zu wichtig nimmst.

Phasen

Es gibt verschiedene Phasenmodelle, die aber nicht in Stein gemeißelt sind. Ganz grob lassen sich folgende Phasen unterscheiden:

Schock

Auch wenn jeder Liebeskummer einen Vorlauf hat – die dann ausgesprochene Trennung ist meistens doch ein Schock. Du willst es nicht wahrhaben und hast das Gefühl, komplett neben dir zu stehen. Du fühlst quasi nichts und bist nicht wirklich bei dir. Die Schockphase ist glücklicherweise kurz, von wenigen Stunden bis zu einigen Tagen.

Kampf

Wenn du nun mit der Trennung nicht einverstanden bist, versuchst du vielleicht ALLES, um sie / ihn umzustimmen: Anrufe, vorbeifahren, lange Briefe schreiben, SMS, nochmals aussprechen usw. Oft geht es dabei sehr schmerzhaft zu, vielleicht haut ihr euch die vertrauten schwierigen Themen um die Ohren. Wenn es irgendwie möglich ist, versuche bei diesen Gelegenheiten, weitere Schmerzzufügungen zu vermeiden. Vielleicht denkst du: Warum sollte ich das tun? Das Problem liegt darin, dass bei Liebeskummer dein Schmerzkörper voll aktiviert wird und du dich sehr in Gefahr begibst, aus diesem Schmerz heraus dem anderen weh zu tun (zum Beispiel in einer »Abrechnungs-E-Mail«). Glaub mir, das wird dir später leidtun und deine Qualen eher noch verstärken.

Wahrscheinlich wird diese Kampf-Phase nicht viel weiterbringen, ich erkläre beim Thema Kontaktsperre unten, warum sich das so verhält. Trotzdem würde ich dir empfehlen, diese Phase ohne Ausflüchte zu durchleben, aber nur für MAXIMAL 7 Tage. Falls du deinen Partner zurückhaben möchtest, kannst du das jetzt nochmal deutlich zum Ausdruck bringen. Kämpfe um ihn, ruf an, schreib, nur unangemeldet beim anderen (zuhause oder wo er gerade wohnt) auftauchen, würde ich nicht. Wie gesagt, es wird nach meiner Erfahrung nicht viel nützen, aber dir zumindest eine ganz, ganz wichtige Erkenntnis einbringen: dass Kämpfen und Anstrengungen und Werben um den anderen gerade komplett sinnlos sind. Das ist nämlich extrem wichtig für die nächste, härteste Phase.

Depression / die Kontaktsperre

Nun wird es bitter. Aller Kampf, alles Flehen hat nichts genützt. Der andere ist schlicht und ergreifend fort. Du malst dir in der Phantasie alles Mögliche aus, was vielleicht sogar wahr ist. Vielleicht hat die andere schon ein neues Date und verhält sich genau so, wie du es gerade befürchtest. Aber: Deine Droge für »Dich-gut-Fühlen« ist dir genommen worden. Was nun folgt, lässt sich am besten mit einem emotionalen Entzug vergleichen, und von den involvierten Neurotransmittern her ist es auch einer.

Eine gute Nachricht habe ich aber: Je öfter du Liebeskummer-Situationen im Leben hast und die hier beschriebenen Tipps anwendest, desto leichter wird es dir fallen, da durchzukommen.

Vielleicht hegst du den Wunsch, mit deinem Liebsten weiter in Kontakt zu bleiben. Diesen Traum muss ich dir zerplatzen lassen: Es bringt gar nichts. Im Gegenteil: Du quälst dich und bringst dich garantiert nicht in die Beziehung zurück. Warum? Weil dein Gegenüber dich gar nicht vermissen wird! Deshalb kommen jetzt grundsätzlich zwei Optionen für dich in Frage: Entweder du siehst ein, dass es wirklich vorbei ist. Dann solltest du möglichst schnell versuchen, dich zu »entlieben« und durch den Schmerz zu gehen. Der beste Weg dazu führt durch einen »kalten Entzug«, und das heißt, jeglichen Kontakt zu vermeiden. Damit sind wir bei der sogenannten *Kontaktsperre*: Im Konkreten bedeutet das: »Entfreunden« auf Facebook, blocken auf WhatsApp, keine SMS, auch nicht zum Geburtstag und zu Weihnachten, alle Bilder wegpacken usw. Was ist aber, wenn der »Trennende« sich weiter melden will? Dann schreib einfach so etwas wie: »Mein Herz blutet, ich liebe dich, ich muss heilen. Bitte nimm keinen Kontakt mehr zu mir auf.« – Ich weiß, das ist hart! Aber es geht aus meiner langjährigen Erfahrung mit vielen Situationen wie dieser nicht anders. Nutze stattdessen deine Freunde.

Bezüglich des Schmerzes kann ich dir einen ganz wichtigen Tipp weitergeben: Konzentriere dich auf das reine negative Gefühl, aber versuche die obsessiven Gedanken wegzudrücken bzw. folge ihnen nicht. Das Gefühl wird sich so immer mehr verändern, es ist wie eine Art Entgiftung. Wenn du aber zu viel nachdenkst, verklebst du die Gefühle mit Gedanken, und dann kommst du nicht richtig vorwärts und bleibst in einem dräuenden inneren Chaos gefangen.

Die andere Option sieht so aus: Wenn du den anderen doch zurückhaben willst? Nun, zunächst musst du schauen, ob du das wirklich willst. Erfahrene Zurückweisung beflügelt Obsessionen: Vielleicht willst du sie nur noch, weil sie dich nicht mehr will. Um das richtig einzuschätzen, musst du dich auch in diesem Fall etwas »entlieben«. Außerdem wird der andere nur dann wieder Interesse an dir entwickeln, wenn er selbst anfangen kann, dich zu vermissen. Also landen wir wiederum – bei der Kontaktsperre!

Wie lange soll die Kontaktsperre aufrechterhalten werden? Ich rate zu MINDESTENS 30 Tagen, in aller Regel aber besser 60 Tage. Bei hoch toxischen Beziehungen dürfen es gern 100 Tage und mehr sein, aber hier solltest du eigentlich sowieso nie wieder Kontakt aufnehmen.

Bitte bedenke auch, dass Liebeskummer, so schlimm er auch ist, im Grunde eine Art Denkfehler darstellt. Du gehst davon aus, dass du ohne einen anderen Menschen nicht leben kannst. Oder nie wieder so jemanden kennenlernen wirst. Das stimmt aber ganz und gar nicht. Wenn du in Ruhe und Ehrlichkeit deinen Anteil analysiert hast, warum die Beziehung dieses Ende genommen hat, ist die Wahrscheinlichkeit sehr groß, dass du jemand Besseren triffst.

Toxischer Liebeskummer

Lisa kommt in meine Praxis. Sie ist völlig durcheinander vom Ende ihrer etwa achtmonatigen Beziehung. Ihr Freund hatte ihr in den ersten drei Monaten das Blaue vom Himmel versprochen, wollte sie am liebsten heiraten. Lisa hat sich erst geschmeichelt gefühlt, reagierte dann aber irritiert, als ihr Freund Peter plötzlich tagelang nicht erreichbar war. Außerdem tauchten wiederholt Nachrichten von seiner Ex-Partnerin auf dem Handy auf. Zudem kritisierte er zunehmend ihr Äußeres und verhielt sich selber extrem eifersüchtig. Lisa hatte bald das Gefühl, auf Eierschalen zu laufen. Gleichzeitig hielt sie der extreme Sex irgendwie in der Beziehung. Aufgrund zunehmender Konflikte versuchte sie dennoch, nach sechs Monaten die Beziehung zu beenden, aber Peter bettelte förmlich darum, dass es weiterging und war wieder so aufmerksam wie am Anfang. Dieser Ablauf wiederholte sich noch ein paar Mal, bis Lisa kaum noch schlafen und sich schlecht auf ihre Arbeit konzentrieren konnte. Schließlich fand sie heraus, dass Peter sie mit seiner Ex-Freundin monatelang betrogen hatte. Trotz dieser negativen Fakten fiel es ihr weiter äußerst schwer, sich von ihm fernzuhalten.

Wenn du in einer solchen toxischen Beziehung gelebt hast (mehr dazu im entsprechenden Kapitel S. 165), war nicht nur die Beziehung wie eine Liebessucht-Achterbahn. Leider ist auch der Liebeskummer hier wirklich entsetzlich. Manche sagen, es fühlte sich schlimmer an als beispielsweise der Tod eines nahen Angehörigen.

Aber die Intensität dieses Gefühles bedeutet überhaupt nicht, dass auch die Beziehung etwas so Besonderes war. Ganz im Gegenteil, die Beziehungen verliefen oft gar nicht gut und beruhen eigentlich nur auf Phantasien. Die Intensität geht vielmehr auf heftige On-/Off-Phasen zurück, eine krude Mischung aus Angst, Hoffnung, Verletzung, Gefahr, Wiederversöhnung und Sex führt dazu, dass man regelrecht abhängig wurde von der eigenen Biochemie, die durch diese Prozesse im Körper freigesetzt werden.

Im Prinzip durchläuft man die gleichen Phasen wie bei normalem Liebeskummer – der Aufprall ist nur deutlich härter. Zunächst bist du nach einer Trennung vielleicht froh, dass das Drama endlich aufhört. Aber nach ein paar Tagen setzt meist der Liebeskummer ein und hält in seiner schlimmsten Form etwa drei Wochen an. Du bist extrem anfällig dafür, wieder zurückzugehen, wenn der Ex-Partner nach zwei Wochen vielleicht nur schreibt: »Ich vermisse dich!«

Deswegen empfehle ich in dieser Situation dringend, alle Kommunikationswege zu blockieren. in dieser Zeit solltest du auch möglichst nicht neu daten, die Wahrscheinlichkeit, in diesem Zustand erneut in eine toxische Verstrickung zu geraten, ist extrem hoch. Zieh besser Freunde hinzu, und auch schlichte Ablenkungen (irgendeine harmlose Serie schauen von Folge 1 bis 100) sind nicht die schlechteste Idee.

Bei toxischem Liebeskummer können sogar Selbstmord-Gedanken auftreten. Zögere nicht, dir Hilfe zu holen, geh zu deinem Arzt (notfalls sogar in eine Notaufnahme) oder zu einem Psychologen! Liebeskummer dieser Art ist keine Bagatelle, sondern ein absolut ernst zu nehmender Prozess.

Dennoch kann man generell sagen, dass alleine das Durchstehen dieses Liebeskummers, ohne zurückzugehen oder in eine neue toxische Verbindung einzutauchen, dich extrem weiterbringen kann. Hier kannst du die Ansätze echter Autonomie lernen. Wer toxischen Liebeskummer durchgestanden hat, weiß, dass er sich aus jeder Beziehung der Zukunft wird lösen können. Die Nacht ist am dunkelsten kurz vor dem Morgengrauen.

Wenn »Null-Kontakt« nicht möglich ist

Manchmal kann es keinen absoluten »Null-Kontakt« geben, weil ihr zusammen arbeitet oder gemeinsame Kinder habt. Das sind unter Umständen sehr komplexe Themen, die den Rahmen dieses Kapitels sprengen würden, da es dann sehr auf den Einzelfall ankommt.

Wie man sich in solchen Konstellationen verhalten kann, hängt davon ab, wie toxisch bzw. süchtig oder destruktiv die Beziehung war. Wenn sie ganz schlimm ausartete, kann es durchaus sein, dass du zum Beispiel deinen Job wechseln musst. Im Allgemeinen trifft auf jeden Fall der Rat zu, so wenig Kontakt wie möglich zu haben und jedes persönliche Gespräch unter ALLEN Umständen zu vermeiden. Falls du mit einem »emotionalen Manipulator« zusammen warst, empfiehlt sich zudem, keinerlei emotionale Regungen ihm gegenüber zu zeigen (quasi wie ein Stein zu werden).

Mit Kindern erweist sich die Situation noch schwieriger. Da musst du – möglichst mit einem Therapeuten an deiner Seite – wirklich auf die spezielle Situation schauen. Grundsätzlich ist auch hier eine Reduktion des Kontaktes extrem hilfreich, aber aufgrund der Vielzahl der Einflussfaktoren (Absprachen müssen bezüglich der Kinder getroffen werden, Probleme der Kinder, Urlaubsregelungen etc.) kaum möglich, generelle Empfehlungen zu geben.

Wiederannäherung?

Nun sind die 30, 60 oder 100 Tage um. Was ist zu tun? Ausnahmsweise möchte ich ein Beispiel aus meinem eigenen Leben zur Illustration erzählen. Ich werde nie vergessen, wie ich selber in meinen Zwanzigern eine recht schwierige On-/Off-Beziehung durchlebte mit vielen toxischen Elementen. Damals habe ich mir eine Strichliste erstellt, bei der ich mir geschworen habe: Da kommen jetzt 100 Striche drauf für jeden Tag, an dem ich keinen Kontakt aufnehme. Meine Ex-Partnerin hat es mir so schwer gemacht, immer wieder Karten geschickt, mich angerufen, um angebotene Sachen auszutauschen. Die Beziehung gestaltete sich derart intensiv, dass ich noch 10 Jahre lang ab und zu von ihr geträumt habe. Damals habe ich für mich entschieden, dass ich zu dieser Frau nicht wieder zurück will. Aber es ließ sich nicht vermeiden, dass ich sie immer wieder zufällig in der Stadt getroffen habe, und jedes Mal rumorten meine Eingeweide. Schließlich bot sich nach meinem Studium eine Gelegenheit und ich wechselte in eine andere Stadt.

Aber vielleicht stellst du nach der »Entwöhnungszeit« fest, dass du sie / ihn immer noch zurückerobern willst. Überlege dann aber Folgendes: Die Wahrscheinlichkeit, dass die Beziehung auch im nächsten Anlauf scheitert, liegt bei etwa 95 %. Ihr bleibt ja die gleichen Menschen. Natürlich kannst du an dir arbeiten, aber wenn es schon einmal eine (zumal so schmerzhafte und kräftezehrende) Trennung gegeben hat, habt ihr bereits eine Geschichte von gegenseitigem Antriggern und Schmerz hinter euch. Es ist enorm schwer, diese »Autobahn« zu verlassen. Leichter wird es dir fallen, mit jemand Neuem etwas Anderes anzufangen.

(Solltest du es dennoch probieren wollen, lies bitte weiter im Kapitel über »Ex-Partner zurückgewinnen«, S. 159.)

Wenn du eine Suchtbeziehung oder toxische Beziehung erfahren hast, gibt es kein Zurück. Rückkehr heißt: wieder die Droge nehmen. Es kann natürlich sein, dass du »rückfällig« wirst (Rückfall kann in diesem Falle schon heißen, das Facebook-Profil deiner Ex-Partnerin zu »stalken«), das ist menschlich und auch okay. Solltest du bewusst den Kontakt wieder aufnehmen, wirst du schnell sehen, dass sich an der giftigen Thematik nichts geändert hat. Es ist nicht sooo schlimm, einen Rückfall zu haben, es ist aber wichtig, möglichst schnell zum »Null-Kontakt« zurückzukehren.

20 Die Friendzone/ den Ex-Partner zurückgewinnen

Friendzone

Die *Friendzone* oder Freundschaftszone ist der Bereich, wo Männer fast nie und Frauen eigentlich auch nicht sein wollen. Der Begriff bedeutet, dass du ein romantisches Interesse an einem Menschen hast, der umgekehrt mit dir nur noch befreundet sein will.

Grundsätzlich ist die Freundschafts-Energie eine ganz andere als die Energie eines Liebespaares. Natürlich kommt es vor, dass das eine aus dem anderen entsteht. Ihr könnt lange befreundet sein und dann doch plötzlich anfangen, mehr füreinander zu fühlen.

Keine gute Idee ist es, so zu tun, als wenn man nur eine Freundschaft möchte, darunter allerdings ein anderes Interesse zu verfolgen. Es gehört schlicht zur Liebes-»Energie«, dass du selbstbewusst und mutig genug bist, deine Zuneigung zu zeigen bzw. dein Herz in den Ring zu werfen. Meistens umschreibt die Friendzone, dass jemand etwa eine Affäre oder Beziehung hatte und anschließend (meistens die Frau) den berühmten Satz sagt: »Lass uns doch einfach Freunde sein.« Die meisten Männer (aber auch Frauen im umgekehrten Fall) willigen daraufhin ein in der Hoffnung, den anderen nicht ganz zu verlieren.

Die Gründe dafür, dass es überhaupt so weit gekommen ist, wirst du sicher besser verstehen, wenn du dieses Buch vor und zurück durchstudiert hast. In den meisten Fällen hast du entweder zu abhängig reagiert (nicht aus deiner Polarität heraus) oder den anderen nicht respektvoll genug behandelt. Oder es hat beim anderen ganz einfach nicht richtig gefunkt.

In eine Freundschaft einzuwilligen, die du gar nicht haben willst, bedeutet leider, wie schon erwähnt, ein »Nicht-für-sich Einstehen« und ein Verhalten, das keinen Respekt beim anderen erzeugt. Ein Risiko einzugehen und autonom genug zu sein, den anderen notfalls auch zu verlieren, ist hingegen extrem sexy. Knappheit generiert Wert!

Also kannst du nur eine Sache unternehmen, um aus der Friendzone herauszukommen, auch wenn das noch so paradox erscheint: Du musst »NUR Freundschaft« konsequent ablehnen unter dem Verweis darauf, dass du etwas anderes möchtest – und bereit sein, im schlechteren Fall vom anderen nie wieder etwas zu hören. Aus dem Nähkästchen geplaudert: Früher, in meinen Zwanzigern, ist mir das wiederholt passiert. Als ich es zum ersten Mal geschafft hatte, aus der Friendzone herauszufinden, konnte ich nicht glauben, dass das wirklich funktioniert. Ich hatte eine wunderbare Frau gedatet, wusste noch nicht so richtig, was ich tue, und hatte einiges falsch gemacht: viel zu viele SMS, zu viele Gefühle zu früh, zu wenig männliche Energie. Ich hörte dann, was ich nicht hören wollte: »Du bist verliebt, aber ich nicht – lass uns doch Freunde sein.« Zum Glück sagte ich dann das einzig Richtige: »Ich kann mir nicht vorstellen, NUR mit dir zu reden, ich will dich auch küssen und anfassen. Wenn du es so willst, wie es jetzt ist, ist es okay, aber dann hören wir nie wieder etwas voneinander.«

Und wirklich: Ich hörte 3 Tage nichts. Dann kamen belanglose SMS, auf die ich gar nicht erst reagierte. Als sich das ein paar Tage so fortsetzte, schrieb ich zurück: »Hey Carlotta, was soll das? Ich möchte keine SMS-Freundschaft. Wenn du wieder echte Dates mit mir haben willst, sag gerne Bescheid.« Sie antwortete tatsächlich, dass sie mich nochmal treffen möchte. Ich betonte erneut, dass das aber dann ein Date ist, und sie bejahte das. Wir trafen uns wieder, hatten Spaß – und hatten Sex.

Wenn du das so handhabst, kann es durchaus sein, dass es Wochen oder Monate dauert, bis du wieder etwas hörst. Oder auch nie. Wenn aber die Frau oder der Mann noch 51 % romantisches Interesse an dir hat (und darunter macht es sowieso keinen Sinn) und es niemand anderen auf der Tanzfläche gibt, wirst du wieder vom anderen hören!

Können Männer und Frauen befreundet sein?

Ja, natürlich. Aber ...

Wenn du Single bist und jemanden suchst oder auch die »Umprogrammierung deines Liebeschips« vornimmst, würde ich zumindest keine neuen Freundschaften eingehen mit Menschen, die du im Prinzip heiß findest. Du lügst dir doch in die Tasche und bist dann enttäuscht, wenn nichts mehr daraus wird. Insbesondere gilt das, wenn die andere auch Single ist.

Wenn du selber gebunden bist oder die andere, kannst du dich befreunden, aber mache es nicht heimlich und pass auf, dass es kein emotionales Fremdgehen wird (je nach eurem »Beziehungsvertrag«).

Ich muss bei diesem Thema immer an einen kleinen Film denken. Ein Interviewer befragte diverse »Paare« getrennt, die platonisch befreundet waren. ALLE Frauen sagten, sie hätten kein wirkliches sexuelles Interesse und könnten sich das auch nicht bei ihrem Kumpel vorstellen. ALLE Männer sagten, wenn ihre »Freundin« plötzlich mit ihnen schlafen wollen würde (und sie selber verfügbar sind), würden sie das sofort tun.

Den Ex-Partner / die Ex-Partnerin zurückgewinnen

Ein ähnliches Vorgehen wie bei der Friedzone schlage ich dir vor, wenn du nach einer *Trennung den Ex-Partner zurückgewinnen* möchtest. Aber überlege dir gut, ob du das wirklich möchtest, insbesondere wenn es sich nicht um die erste Trennung handelt. Wenn ihr euch nicht geändert habt oder die Paardynamik verändert ist, läuft es fast unausweichlich darauf hinaus, dass die gleichen Probleme wieder auftauchen und zu den gleichen Ergebnissen führen. Vielleicht wirst du etwas überrascht sein über das Vorgehen, das unten beschrieben wird. Glaube mir, es bringt dich in die beste Position, um den anderen zurückzugewinnen. Betteln, stalken und alle Varianten davon funktionieren definitiv nicht. Durch die Ruhephasen, die beschrieben werden, geschieht zu deinem Vorteil Folgendes: Die negativen Erfahrungen werden tatsächlich schneller vergessen als das positiv Erlebte. Dafür musst du dem anderen aber Zeit einräumen, das auch zu spüren. Die beste Art, die Aufmerksamkeit des Ex-Partners wiederzuerlangen, ist, deine zu entziehen. Damit kommst du aus der »Unten-Position« etwas mehr in die »Oben-Position« in einer Beziehung.

Du wurdest verlassen

Vielleicht schaust du zuerst in das Kapitel »Liebeskummer« (S. 151) und befolgst die praktischen Tipps, die dort stehen. Wenn du die Beziehung fortsetzen möchtest, empfehle ich, diese Schritte für 60 Tage zu prüfen. Du musst immer bedenken: Eine Zurückweisung durch den Partner führt zu Obsessionen, also zwangsläufig zu heftigen Reaktionen. Die Gefühle gehen anfangs durch die Decke, und wenn das nur auf die Ablehnung zurückzuführen ist, bringt dich das nicht weiter – womöglich täuschen dich deine Gefühle in dieser Situation. Also: Willst du ihn wirklich noch? Ist die Beziehung nicht vielleicht doch schon am Ende? Deshalb lass dir und dem Ex-Partner Zeit, »nüchtere« zunächst aus und entscheide dann mit klarem Kopf und klareren Gefühlen.

Wenn dir 60 Tage zu viel erscheinen, würde ich dir auf jeden Fall raten, dich mindestens 30 Tage auf Distanz zu halten, selbst wenn der Ex-Partner sich in dieser Zeit meldet. Sag einfach ehrlich, dass du etwas Abstand brauchst, und wann du dich melden wirst. Ansonsten vermeide jegliche Kommunikation.

Wenn du gleich zurückkommst, obwohl der andere die Nettigkeit hatte, dich auf den Mond zu schießen, wird dir das nicht gerade Respekt einbringen. Er muss dich zurückerobern (auch wenn du am liebsten mit fliegenden Fahnen zurückkehren möchtest). Es ist ungemein wichtig, dass du deinen Stolz, deine Selbstachtung nicht verlierst.

Wenn du dich dann entschieden hast, weitermachen zu wollen, teile deinem Ex-Partner genau Folgendes mit: »Ich liebe dich und finde dich toll und würde gerne wieder an unserer Beziehung arbeiten. Lass es mich wissen, wenn du das auch möchtest.« Und dann lösch (zumindest innerlich) alle Nummern und sei bereit, weiterzugehen und NIE WIEDER von ihm zu hören. Mach auch keine Geburtstags- oder Weihnachtswünsche, nichts. Arbeite an dir, fang an zu daten, tue so, als wenn es das war.

Wenn der Ex-Partner sich nach der »Ausnüchterzeit« meldet (egal wie), sage ihm: »Schön von dir zu hören – lass uns treffen«, und mach ein Date aus. Wichtig: Er muss zu dir kommen, nach Hause oder zumindest in deinen Kiez. Oder lass dich abholen. Du bewegst dich keinen Millimeter, er muss den Weg zu dir zurück erarbeiten. Wenn er (oder sie natürlich) nicht zu dir kommen will, sag, dass du müde bist, und dass ihr euch vielleicht besser in zwei Wochen nochmal für ein formaleres Date verabredet. Wenn er kein Date arrangieren will, halte die Kommunikation sehr kurz und freundlich und gehe wieder ins Schweigen. Ganz generell gilt: Der »Trenner« muss 100 % der Kontaktaufnahmen veranlassen.

Wenn er sich erneut meldet, versuche ein zweites Mal ein Date zu machen. Wenn das auch nicht klappt, probierst du es nie wieder. Jetzt ist der andere am Zug. Sei dann bei jeder Kontaktaufnahme kurz und knapp und lebe deinen Alltag weiter.

Wenn es zu einem Date kommt, handelst du genauso wie im Dating-Kapitel beschrieben (S. 51). Ihr müsst von vorn beginnen und nochmal durch den ganzen Prozess hindurch. Der Unterschied besteht nur darin, dass der Impuls zu Kontakten oder Treffen immer vom »Trenner« kommen muss, bis ihr wieder zusammen seid. Willige NIEMALS in eine reine Freundschaft ein. Versuche, die Sachen besser zu machen, die du vielleicht verbockt hast. Studiere dieses Buch dazu genau!

Du hast verlassen

Manchmal verhält es sich so, dass du selbst eine Beziehung beendet hast und es bereust. Oder dass du einfach Mist gebaut hast. Ob die nächste Runde gelingt, ist sehr zweifelhaft. Wenn es nicht nur die kleine Eiszeit ist, und du dich ernsthaft getrennt hast, gib dir selbst 30 bis 60 Tage Zeit, bevor du eventuelle Zweifel in die Tat umsetzt. So kannst du etwas

Abstand gewinnen und vermeiden, dass du in eine On-/Off-Spirale gerätst. Außerdem schützt du zudem den anderen davor, mehrmals hintereinander verlassen zu werden, was vielleicht auch nicht so fair ist.

Im Grunde verfährst du nun ähnlich wie im umgekehrten Fall: Du sagst einmal (!), dass du das Ganze zutiefst bereust, die Trennung ein Fehler war, und du die Misere aufarbeiten möchtest. Wenn der andere sich daraufhin meldet, versuche ein Treffen zu verabreden. Wie oben geschildert bist du im Prinzip nun derjenige, der zurückkehren und mehr unternehmen muss. Das bedeutet, dass du dich stärker engagierst, aber natürlich nur in dem Rahmen, in dem Vergleichbares vom Partner zurückkommt. Auch in diesem umgekehrten Fall müsst ihr nochmals den gesamten Dating-Prozess durchlaufen, eventuell geht es in diesem Szenario etwas schneller.

Achtung! All das in diesem Kapitel Gesagte macht nur Sinn, wenn es sich um *keine* toxische Beziehung handelt. Ansonsten, bitte, bitte, bitte, geht getrennt weiter!

21 Toxische Beziehungen

Toxische Beziehungen bezeichnen eine Form von Verbindung, bei der Unsicherheit, Egozentrik, Angst, Macht und Sucht eine große Rolle spielen. Diese Aspekte führen dazu, dass einem die Beziehung nicht nur nicht wirklich gut tut und nützt, sondern sogar Selbstvertrauen nimmt und man das Gefühl hat, ständig Energie zu verlieren. Du nimmst unweigerlich psychischen und manchmal sogar physischen Schaden. Es geht in solchen Verbindungen nicht um den anderen, sondern um den verzweifelten Versuch, eigene alte Traumata und Schmerzen durch den anderen heilen zu lassen. Und das funktioniert nicht. Das Unglücklichsein der Beziehung spiegelt hierbei das eigene Unglück im Innern.

Du erkennst eine toxische Beziehung vor allem daran, dass es ständig weh tut und du Tag und Nacht mit dem Thema beschäftigt bleibst. Es fühlt sich auch ununterbrochen unsicher an, da diese Beziehungen nicht auf »echter Liebe« beruhen (Stichwort »Wahre Liebe tut nicht weh«), sondern auf einem unbewussten Tauschgeschäft. Dabei zieht ihr euch geradezu magnetisch an, weil beide Partner das gleiche Drama-Thema mitbringen, und sich das Ganze wie Stecker und Steckdose verhält. Diese intensive Anziehung wird für Liebe gehalten, der Schmerz wird unter Leidenschaft abgebucht. Da Unsicherheit häufig stimulierend im Bereich Sexualität wirkt und viele toxische Partner unklare Grenzen setzen, kann Sex wie eine Droge wirken (die aber nie wirklich satt macht).

Dass es nicht einfach nur Liebe sein kann, merkt ihr an der furiosen Wut, die entsteht, wenn ein Partner seinen Teil des »Vertrages« nicht mehr erfüllt. Oft kommt in solchen Verbindungen ein ungutes Bauchgefühl auf, dass irgendetwas nicht stimmt, oder das Empfinden, die Liebe sei irgendwie »verunreinigt«. Das kann schon auftreten, bevor ihr überhaupt harte Fakten erfahrt (zum Beispiel eine geheime Sucht eines Partners).

Toxische Liebe hat einen extrem hohen Lernfaktor. Du erkennst gnadenlos die eigenen Grenzen und Defizite, wenn du nur hinschaust. Das kann ein Gewinn dabei sein. Eine ruhige, sichere Beziehung zum Genießen ist das aber nicht.

In toxischen Beziehungen ist das ganz große Thema *Kontrolle*. Es gibt immer einen Partner, der den gesamten Kontakt kontrolliert, dass heißt den anderen mit allen Mitteln in einer bestimmten (entfernten) Position hält und ihn gleichzeitig für die Zwecke des eigenen Egos ausnutzt. Das kann zum Beispiel eine »Bindungsängstliche« oder auch eine Narzisstin sein, die einerseits nicht allein sein möchte und das verzweifelte Hinterherlaufen des »Verlustängstlers« genießt – gleichzeitig aber dafür sorgt, bloß nicht zu viel Nähe und Gemeinsamkeit entstehen zu lassen. Dieser kontrollierende Pol in der toxischen Beziehung nimmt auch die Energie des anderen auf, weil er / sie aufgrund innerer Leere selber kaum Energie erzeugen kann. Diesen Pol nenne ich, wie schon oben erwähnt, den »MINUS-Pol«.

Auf der anderen Seite findet sich der »PLUS-Pol«, also derjenige, der kontrolliert wird (aber auch selber manchmal in ohnmächtige Kontrollversuche gerät). Es handelt sich meist um Varianten des Liebessüchtigen oder des Co-Abhängigen (siehe unten S. 168/180). Auf seiner Seite existiert nicht das manchmal aufgeblähte Ego des »Minus-Pols«, sondern das verletzte und gekränkte Ego der Menschen, die sich selber nicht richtig lieben können, nie richtig geliebt wurden und sich deshalb unnötigerweise für nicht liebenswert halten. Sie haben das Gefühl, Liebe und Zuwendung »erkaufen« oder sich »erarbeiten« zu müssen, indem sie immer nur geben, alles erleiden, immer die Schuld bei sich suchen und beständig Energie abgeben.

Es kann daher in toxischen Beziehungen durchaus so vorkommen, dass es dem einem recht gutgeht (dem »Minus-Pol«), während der andere innerlich ausblutet. Erst wenn der »Plus-Pol« es leid ist, immer nur faule Kompromisse zu machen (oder der »Plus-Pol« völlig ausgelaugt ist), kommt die Verbindung ins Trudeln (wobei sie logischerweise auch vorher schon ungesund war). Der »Minus-Pol« profitiert übrigens langfristig ebenso wenig, da Leben von geborgter Energie einen auch nicht glücklich macht, sondern immer nur wie ein zeitweiliges Pflaster über der eigenen inneren Leere wirkt.

Du fragst dich vielleicht, warum man solche Beziehungen nicht einfach schnurstracks verlässt. Ich denke, es gibt zwei Gründe. Zum einen starten die meisten toxischen Beziehungen mit einer extremen Verliebtheit (das allein ist schon ein manchmal negatives Zeichen). Wenn diese »Fassade« nach einiger Zeit zerbricht, will das Paar immer zu der schönen Anfangszeit zurückkehren, die sie aber nie wieder erreicht (auch dies ist ein Vergleichspunkt zur Drogensucht). Zum anderen lebt diese Beziehung geradezu von der Phantasie, die alten Wunden in ihr heilen zu können – was in aller Regel leider nicht gelingt. Nehmen wir einmal an, du hattest einen kühl distanzierten Vater, zu dem du gerne kommen wolltest, um ihm nahe zu sein, der dich aber eben auf Abstand gehalten hat. Als erwachsene Frau suchst du dir nun ebenfalls einen solchen Mann (ohne dir dessen immer bewusst zu sein) und hoffst stattdessen, dass dieser Partner nicht auf Distanz bleibt und du so das alte Trauma heilen kannst. Da du unter der fehlenden Nähe gelitten hast, ist das eine irrsinnig starke Motivation. Und bleibt aber leider eine Phantasie.

Wenn du nun die Schmerzen satt hast und anfängst, dich zu trennen, verzichtest du auf die »Drogenzufuhr«, die deine »fast« erfüllte Phantasie bietet. Der »Minus-Pol« in der Beziehung wird nun plötzlich wieder super-nett. Du vergisst die Schmerzen schneller als das schöne, und schon lässt du dich erneut bequatschen, gemeinsam weiterzuleben. Oft wird die Beziehung dann in jeder Runde »kränker« und schmerzhafter, und irgendwann reicht es einem von beiden dann tatsächlich. Ich rate trotzdem dazu, solange wie eben möglich bewusst in so einer Beziehung zu bleiben (BEWUSST ist dabei ganz wichtig), bis man wirklich weiß, dass sie keine Zukunft hat – natürlich unter der Berücksichtigung, ob man das körperlich und psychisch überhaupt noch aushalten kann. Warum? Die extreme gegenseitige Abhängigkeit führt dich ansonsten unweigerlich in eine noch schlimmere On-/Off-Schleife.

Liebessucht / der »Plus-Pol«

Jeder von uns hat es entweder selbst einmal erlebt oder kennt zumindest Personen aus seinem Bekanntenkreis, die in völlig hoffnungslosen oder sogar grenzüberschreitenden Beziehungen stecken und einfach nicht herauskommen. Als Freund bzw. Freundin wunderst du dich vielleicht, warum du dir ewig das gleiche Leiden anhören musst, immer den gleichen Ratschlag gibst, und doch gar nichts passiert. Scheinbar leiden die Betroffenen ohne einen ersichtlichen Nutzen. Typisches Kennzeichen ist auch ein häufiger Wechsel von Trennung und Neustart.

Den Grund dafür habe ich oben schon genannt: Es handelt sich nicht um »wirkliche«, beständige Liebe, sondern psychisch gesehen um eine Sucht.

Die Partner leben eine Beziehung, in der es (immer seltener) unerwartete Zuneigung gibt, in der aber Benutzen, Lügen und Chaos ständig wachsen. Oft zeigen sich Grenzverletzungen (z. B. Beleidigungen), auf die sehr emotionale »Versöhnungen« folgen.

Die Ursache dafür liegt u. a. in der Lernpsychologie. Wenn Mäuse auf eine Taste drücken müssen, um Essen zu bekommen, lernen sie dieses Verhalten sehr schnell und nehmen sich, was sie brauchen. Wenn Futter nicht mehr angeboten wird, lassen sie die Taste in Ruhe. Wenn aber völlig unvorhersehbar und manchmal, aber eher selten, Futter ausgelegt wird, sind die Mäuse regelrecht besessen vom Drücken der Taste und machen praktisch nichts anderes mehr – selbst wenn die Belohnungen irgendwann ganz ausbleiben. Der gleiche Ablauf findet sich bei der Liebessucht. (Dass schon Lernprozesse reichen, dieses Verhalten zu erklären, zeigt, wie tief im Gehirn das stattfindet – weit unterhalb der schlauen Großhirnrinde.)

Wenn sich nun einer der Partner – zum Beispiel durch eigene biografische Prägungen – bindungsängstlich und/oder extrem egozentrisch verhält, wird er zwar in der Beziehung leben wollen, aber nur eben so viel Nähe und Zuwendung geben, dass der andere gerade nicht abspringt. Ansonsten stellt sich immer wieder eine gewisse Distanz ein, der andere braucht »mal Luft«, »eine Pause«, hat gerade »nicht so viel Zeit«. Auf die Idee, dich mal in den Arm zu nehmen, kommt er gar nicht erst. Bewusst oder unbewusst stellt er auf diese Weise ein Muster unbeständiger, unvorhersehbarer Bindung her. Wenn beide dann mal ein paar schöne Tage erfahren, ist das für den liebessüchtigen Partner wie im Paradies, weil er ja vorher zahlreiche Entbehrungen verzeichnet. Ohne dass er es richtig merkt, akzeptiert er für diese »Highlights« mehr und mehr Verzicht oder sogar verletzende Behandlungen durch den anderen. Das erscheint umso verwirrender, als solche Beziehungen häufig extrem leidenschaftlich begonnen haben.

Einen liebessüchtigen Modus erkennst du an der permanenten gedanklichen Beschäftigung mit dem Partner, extrem schmerzlichem Vermissen, das bis zu einer Art Entzugssymptomen führen kann (»craving«). Man sollte diese Gefühle nicht mit einer gesunden Verliebtheit erklären. Intensität und »Herzschmerz« bedeuten nicht immer echte Liebe.

Was kannst du nun tun? Es gibt leider nur zwei Lösungen (eigentlich nur eine). Im besten Fall arbeiten beide Partner daran, sich gegenseitig eine beständige Zuneigung zu liefern. Hier braucht es gute und ehrliche Kommunikation, häufig nur möglich über eine spezielle langfristige Paartherapie. Probiere es bitte aus, insbesondere wenn eine Trennung wegen der Kinder oder eurer sehr langen Beziehungszeit schwer realisierbar ist. Da es meist einen enorm bindungsängstlichen Partner gibt, der häufig gar kein Interesse daran hat, sich über die Thematik auseinanderzusetzen (das würde ja auch wieder echte Intimität bedeuten), kann solch ein Weg leicht scheitern. Man kann sogar sagen, in aller Regel scheitert der Versuch. Dann bleibt leider nur die Trennung, wenn du nicht lebenslang obsessiv mit der Beziehung beschäftigt sein willst.

Eine Trennung ist wie ein Entzug von einer harten Droge. Die Droge sind in diesem Fall die Neurotransmitter und Hormone im eigenen System. Oft braucht es auch eine intensive Unterstützung durch Freunde oder eine Therapie, die auf dieses Problem fokussiert. Auch meine Kurse zur »Umprogrammierung des Liebeschips« sind unter anderem für diese Thematik gedacht.

Mit hoher Wahrscheinlichkeit hatte die betroffene Person eine ähnliche Dynamik in der eigenen Kindheit und hat dieses Muster als »normal« unter »Liebe« im eigenen Gehirn abgespeichert. Das gilt es jetzt klar zu erkennen.

Typischerweise trifft in einer Liebessucht-Beziehung ein Partner mit zumindest co-abhängigen Tendenzen (der »Plus-Pol«) auf einen Partner mit Tendenzen oder voller Ausbildung von Narzissmus, Borderline, Psychopathie etc., also Menschen, die hier Intimität unter allen Umständen vermeiden und trotzdem nicht alleine sein wollen bzw. können (der »Minus-Pol«). Manchmal agiert dieser »nur« co-abhängig-bindungsängstlich ohne das narzisstische Element.

Einer der beiden verhält sich also nicht ganz selten sehr egozentrisch und nutzt den Partner aus oder missbraucht ihn sogar (bzw. hat einfach nicht genug echtes Interesse am anderen) – umgekehrt hat der andere gerade mit einem gesunden Egoismus ein Problem: Er sorgt überhaupt nicht gut für sich. Für den kontrollierenden Partner ist diese Konstellation die einzige Möglichkeit, überhaupt in so etwas Ähnlichem wie einer Beziehung leben zu können, da »normale« bindungssichere Partner einen solch negativen Zyklus nicht mitmachen würden. Erstere gewinnen das Gefühl, einen »Backup«-Plan zu haben, also den Partner als Rückversicherung »in der Tasche« zu haben, nicht alleine zu sein, und saugen sich regelrecht voll an der Energie des Liebessüchtigen. Es geht dabei aber immer um das Ego des kontrollierenden Partners, das sich grundsätzlich durchsetzen will.

Der Liebessüchtige selber hat mit seinem eigenen labilen Ego zu kämpfen, entwickelt panische Angst, nicht gut genug zu sein und sowieso verlassen zu werden. Selbstliebe delegiert er an den anderen und bewundert den Narzissten bzw. »Minus-Pol«, z.B. für dessen »scheinbares« Selbstbewusstsein. Er wiederholt das Muster seines »Liebeschips« aus der Kindheit, in der Anpassung die Überlebensstrategie war, überhaupt Zuwendung zu bekommen. Es kann so ungeheuer schmerzhaft sein, nicht nur die aktuellen, sondern auch die Kindheitsverletzungen zu fühlen.

Die Rollen der beiden Partner sind dabei nicht in jeder Beziehung festgelegt. Eine Borderlinerin kann in der einen Beziehung mit einem co-abhängigen Mann sehr kühl und kontrollierend wirken, in der nächsten Beziehung mit einem Narzissten aber komplett in den liebessüchtigen Modus übergehen. Letztlich sind wir alle in der Lage, sowohl den Täter- als auch den Opfer-Pol zu bedienen. Daher betone ich ganz gerne: Das Ziel meiner Arbeit ist, sich nicht mehr benutzen zu lassen, aber auch nicht mehr zu benutzen.

Selbst wenn man die ganze Täter-Opfer-Sicht außen vor lässt, kann man generell sagen, dass beide Partner miteinander zu instabil (und daher nicht kompatibel) sind, um eine Beziehung zu führen.

Unter allen Umständen solltest du, nachdem du diese Problematik erkannt hast oder ihr euch getrennt habt, jeden weiteren Kontakt zum Objekt deiner Liebessucht komplett vermeiden (mehr dazu im Kapitel »Liebeskummer«, S. 151). Die Schwierigkeit besteht darin, dass jetzt der distanzierte Partner sehr häufig ALLES versuchen wird, um die Beziehung wieder aufzunehmen. Um der eigenen Gesundheit willen solltest du dir 3 – 6 Monate Abstand und Ruhe geben – du wirst feststellen, dass du dich langsam wieder findest, als wenn du aus einem Nebel kommst. Die Trennung verläuft ziemlich furchtbar und oft kommt es zu einigen »Rückfällen«, die häufig mit immer heftigeren gegenseitigen Verletzungen enden.

Lese dir unbedingt alle Kapitel über Bindungsangst durch, damit du die Verhaltens-Manöver innerhalb eurer Beziehung erkennst. Besonders schwierig lebt es sich miteinander, wenn der / die andere nicht loslässt, sondern einen »unerreichbaren Verführer« spielt, der ein ewiges Muster von Verführung und Zurückweisung pflegt. In diesem Fall kann dich das ganze Hin und Her komplett in den Wahnsinn treiben.

Leider begeben sich in aller Regel nur die jeweiligen »Plus-Pole« in Richtung Heilung bzw. Therapie (bzw. die Menschen, die sich gerade in diesem Modus befinden). Die Verleugnung beim »Minus-Pol« bzw. im »Minus-Modus« ist meist zu groß, insbesondere wenn es narzisstische Anteile gibt.

In der Folge liste ich einige Typen toxischer Beziehungen auf. Die Liste ist sicher nicht vollständig und natürlich kannst du gleichzeitig in mehreren Typen stecken.

Die typische bindungsängstliche Beziehung oder: die Krümel-Beziehung

Dies ist quasi der Prototyp einer toxischen Beziehung, offenbar weit verbreitet und viel mit Angst vor Intimität auf beiden Seiten verbunden. Ich nenne sie die *bindungsängstliche Beziehung* oder kurz die *Krümel-Beziehung*, weil es dort keinen »Kuchen« gibt, sondern für beide Partner nur »Krümel« übrig bleiben. Es ist manchmal schwer zu erkennen, dass du selber in einer solchen Beziehung steckst, da diese viele, viele Jahre andauern kann, und man mit Bindungsangst eher den Dauer-Single assoziiert. Wie schon oben beschrieben, geht diese Verbindung ein »Minus-Pol« ein (und das ist keineswegs immer der Mann), der Angst vor zu viel Nähe, Verbindlichkeit und Intimität hat. Darunter liegt aber oft das Gegenteil verborgen, die tiefliegende Sorge, verlassen zu werden und nicht gut genug zu sein für echte Nähe und Intimität.

Auf der anderen Seite (und das ist nicht immer die Frau) befindet sich der »Plus-Pol« mit einem ängstlich-besorgten Bindungsstil, der in der Beziehung immer zu kurz kommt und mehr Nähe, mehr Verbindlichkeit, mehr Sex will. Auch bei ihm brodelt unter der Oberfläche, meist kaum erkennbar, eine eigene Nähe-Angst – warum sonst würde er sich ständig Partner suchen, die nicht wirklich verfügbar sind. In diesem Sinne sind ganz viele Menschen »Liebes-ambivalent«, haben also jeweils einen Anteil Nähe- und Verlustangst in sich. Meist zeigt sich aber ein deutlich bevorzugter Bindungsstil. Auf jeden Fall ziehen sich

»Plus-« und »Minus-Pol« magisch an – u. a. auch deshalb, weil sie so viel voneinander lernen können.

Oft starten solche Beziehungen besonders schnell und intensiv, weil beide sich (unbewusst oder bewusst) schon darum sorgen, was passiert, wenn nach der ersten Verliebtheit ihre Ängste plötzlich auftauchen. Irgendwann fängt der »Minus-Pol« aber an, sich zurückzuziehen, ohne dass es offenkundig einen Grund dafür gibt (es gibt auch keinen, außer die Angst vor Nähe). Das triggert wiederum die Verlustangst des »Plus-Pols«, und er beginnt zu leiden. In der Regel setzt sich in einer Beziehung der Partner mit seinen Wünschen durch, der weniger erwartet – also wird die Beziehung immer »dünner«, wie es sich für den »Bindungsängstler« (scheinbar) richtig anfühlt. Der »Plus-Pol« fängt nun an, alles Mögliche auszuprobieren, um den Partner zurückzugewinnen: jammern, klagen, sich selber zurückziehen, Bücher zum Thema lesen usw. Leider ändert das nur wenig an der Grunddynamik.

In vielen Beziehungen gibt der »Plus-Pol« irgendwann auf und akzeptiert zähneknirschend eine Beziehung, in der es entweder keinen Sex mehr gibt oder man sich nur einmal die Woche sieht. Die Frage ist: Warum geht er nicht einfach? Das hängt mit dem oben beschriebenen Hin und Her zusammen, außerdem mit eigenen biografischen Erlebnissen und Einstellungen, viel aber auch mit der Hoffnung, die bekanntlich zuletzt stirbt ... Man hat ja schon »so viel investiert« ... und nun einfach alles aufgeben? ... Und es gibt ja immer mal wieder ein »Highlight«, wenn auch zunehmend seltener. Bildlich gesprochen gewöhnt sich der »Plus-Pol« Stück für Stück daran, dass es nur noch Krümel gibt, und keinen Kuchen.

Ein Beispiel: Gustav kommt auf meine Couch. Er ist seit einem Jahr mit einer Frau zusammen, die sich wiederholt zurückzieht, obwohl sie zugleich mehrfach betont, wie sehr sie ihn lieben würde. Er ist verwirrt, möchte ihr einerseits Zeit geben, andererseits sieht er mit wachsender Klarheit, dass sie sich einfach nicht zu ihm bekennt. So geht sie alleine zu Familienfesten, plant ihren Urlaub ohne ihn und lässt auch viele Gelegenheiten aus, bei denen man sich sehen könnte. Wir erarbeiten zunächst, was er sich eigentlich (mindestens) wünscht (Stichwort »Standards«) und wie er dies ganz im Sinne der wichtigen und guten Selbstliebe vorbringen kann. Seine Partnerin Nicole scheint auch zu Beginn sehr verständnisvoll und verspricht, eine ganze Reihe von Dingen zu ändern. Auf die Dauer zeigt sich aber wieder das Muster, dass es zwar viele schöne Worte gibt, aber die Taten fehlen und Versprechen letztlich gebrochen werden. Gustav braucht jede Menge Verständnis von mir und auch von Freunden (also einen Realitätsabgleich), dass seine Wünsche völlig in Ordnung sind und nicht etwa »anhänglich«. Aufgrund der Situation in seiner Herkunftsfamilie hat Gustav sich einfach zu sehr daran gewöhnt, dass es selten um ihn geht. Als Nicole ihn aber schließlich zu Weihnachten auslädt und ohne ihn feiern möchte, sieht er, dass die Beziehung endgültig im »Krümel«-Status angekommen ist. Obwohl er noch sehr viele Gefühle hat, verlässt er Nicole, um nicht weiter jemandem hinterherzurennen, den er doch nie erreichen wird.

Chronisches Fremdgehen

Ich behandele das Thema *Fremdgehen* in einem eigenen Kapitel (siehe S. 137). Hier greife ich eine spezielle Form auf: Definitiv ist jede Beziehung, in der irgendeine Form von geheimem fortlaufendem Fremdgehen existiert, nicht gesund, zumindest zu diesem Zeitpunkt. Dabei geht es vor allem um massiv fehlende Empathie.

Dieser Mangel betrifft jede Form von Loyalitätsverletzung, auch geheimes SMS-Schreiben usw. Es spielt dabei übrigens keine Rolle, ob der andere davon schon weiß oder nicht. Es spielt auch keine Rolle, ob sich für den Betrogenen im alltäglichen Zusammensein etwas ändert oder sich alles wie sonst anfühlt (also zum Beispiel genauso viel Sex etc.). In solchen Beziehungen zu bleiben schadet dem Partner massiv, und er geht mit entsprechend negativen Erwartungen in zukünftige Beziehungen. Bitte prüfe deshalb für dich, ob es in deiner Partnerschaft ein solches Muster gibt. Auch in diesen Fällen finden sich die Ursachen in der eigenen Kindheit oder Jugend: Es könnte zum Beispiel sein, dass du Illoyalität oder Grenzübertritte der Eltern (zum Beispiel einen fremdgehenden Vater) als Kind erlebt oder beobachtet hast und es da einen blinden Fleck bei dir gibt, was dein eigenes Verhalten angeht.

Die On-/Off-Beziehungen

Die *On-/Off-Beziehung* bezieht sich eigentlich auf einen bestimmten Zustand während einer toxischen Beziehung, der eintritt, wenn der »Plus-Pol« anfängt, sich zu wehren. Dieses Sich-Wehren drückt sich aber nicht in ruhigem Abgrenzen aus, sondern entfacht einen Proteststurm des »Inneren Kindes«. Man könnte auch sagen, es ist die Wut darüber, dass all die Aufopferung für den »Minus-Pol« bisher nichts gebracht hat. Der »Plus-Pol« versucht, die Kontrolle über sein Leben zurückzugewinnen, zum Beispiel durch Androhung und Vollzug einer Trennung. Aber auch der »Minus-Pol« kann scheinbar eine Trennung initiieren, um den »Plus-Pol« wieder gefügig zu machen. Daher kann die On-/Off-Dynamik ein Zeichen für die »Erkenntnis« sein mit der Konsequenz, dass einer oder beide Teile einer toxischen Beziehung versuchen, diese zu verlassen. Leider braucht es bis zu 15 Versuche, dieser Dynamik tatsächlich zu entfliehen.

Warum kommt es nun zu der On-/Off-Dynamik? Immer geht es darum, dass es stark belohnende Aspekte in einer Beziehung gibt (die nicht zwingend »gesund« sein müssen, z. B. eine intensive Sexualität) und ebenso negative (Dramen wie endlose Streits, Eifersucht, Verletzungen usw.). Logischerweise verlässt du dann deinen Partner, wenn du gerade die negativen Erfahrungen eures Zusammenlebens sehr hoch wertest und keine Hoffnung mehr siehst. Da du aber in einer toxischen, süchtigen On-/Off-Beziehung steckst, lässt dich der andere nicht einfach gehen. Er versucht im Namen der Beziehung alles, dich unter Kontrolle zu behalten oder diese zurückzugewinnen. Die »Bindungsängstliche« reagiert nach der Trennung wie auf Knopfdruck überraschend nett, verführend, versprechend. Das fällt ihr auch leicht, da ja der gefühlte Druck der bisherigen Erwartungen des »Plus-Pols« plötzlich wegfällt. Und nicht nur das, beim »Minus-Pol« kann regelrecht Panik ausbrechen, weil die schöne Energie-Zufuhr abrupt unterbleibt.

Der Trennende färbt sich sein Leben rosa, das heißt, er lässt die schlechten Erfahrungen schneller verpuffen als die schönen, und wertet bald anders als zuvor: »Vielleicht war es doch nicht so übel, warum soll ich mir die Mühe machen, jemand Neues zu suchen?« Anschließend kommt es zur Wiedervereinigung mit viel »Versöhnungs-Sex« und noch mehr Versprechungen, dass alles besser wird. Würde es sich um eine gesunde Beziehung handeln (in der es aber eigentlich nicht notwendig sein sollte, sich überhaupt zu trennen) und genug wahre Liebe geschenkt wird, würden diese Versprechungen auch gehalten werden. Wenn du jedoch in einer toxischen Beziehung festsitzt, kannst du das in der Regel vergessen. Es wird nie besser! Das liegt daran, dass es sich um Ego-Liebe handelt, die letztlich nur kontrollieren und auftanken will. Salopp formuliert: Nach einem kurzen Honeymoon sind ruckzuck die alten Probleme wieder auf dem Tisch. Der andere will gar nicht wirklich etwas verändern, sondern nur den Status quo erhalten. Wie schon gesagt werden dann die Verletzungen durch das giftige Muster von Runde zu Runde heftiger. Besser ist es, Trennungsandrohungen und Trennungen zu vermeiden und stattdessen eine Zeitlang (zum Beispiel während einer Paartherapie) genau zu beobachten, welche (alten) Muster angetriggert werden, welche Schmerzen aufkommen, um herauszufinden, wie toxisch die Beziehung verläuft. Von der zweiten Off-Phase an, spätestens ab der dritten empfehle ich, definitiv die Beziehung nicht wieder aufzunehmen. Es sind durch die Trennungen so viele neue Verletzungen dazukommen, dass ihr es gar nicht mehr schafft, das alles abzubauen. Manche mögen das vielleicht spannend finden und leidenschaftlich nennen (in der Regel deshalb, weil sie es aus der Kindheit kennen). Heftige Streitigkeiten, Schmerz und andauernder »Versöhnungs-Sex« sind aber kein Zeichen einer gesunden Liebe.

In On-/Off-Beziehungen sieht man das gleiche Muster wie zum Beispiel in Spielhallen. Dadurch dass du manchmal den Jackpot (= tolle Versöhnung) gewinnst und dann die Trennung (= plötzlich ausbleibende Belohnungen beim Weiterspielen) erfährst, entsteht lernpsychologisch die oben schon beschriebene sogenannte »intermittierende Verstärkung«. Die führt paradoxerweise zu einer starken Bindung, ohne dass sich eine entsprechend gute Beziehung dahinter befindet. Diese toxische Bindung wird mit jeder Off-Phase intensiver. Vielleicht erhellt ein weiteres Tierexperiment diese Zusammenhänge. Dabei kommen Wildtiere an bestimmte Futterstellen: An einer Futterstelle gibt es auf einen regelmäßigen Hinweisreiz immer Futter, an einer zweiten nie und an einer dritten selten und unregelmäßig Futter, ohne dass der Mechanismus dahinter ersichtlich wäre. Was meinst du, mit welcher Futterstelle die Tiere am meisten beschäftigt waren? Richtig – mit der dritten. Wir liebessüchtigen Menschen sind da nicht anders (bis wir es durchschaut haben): Wir lassen die Fülle (und die gesunden Partner) links liegen, um uns im Drama aufzureiben wie ein Junkie.

Ganz allgemein bin ich überzeugt: On-/Off-Beziehungen bedeuten praktisch immer, dass die Partner zwar eine starke Chemie haben, aber nicht kompatibel sind. Punkt.

Gewalt

Ähnlich wie bei dem Thema Drogen muss ich vorwegschicken, dass ich kein Gewalt-Experte bin. Paare mit extremen *Gewaltthemen* leite ich meist weiter an entsprechende Beratungsstellen. In unserem Zusammenhang würde ich definitiv meinen, dass Beziehungen mit einem Muster von körperlicher Gewalt grundsätzlich hoch-toxisch sind und immer aufgelöst werden sollten. Damit will ich nicht sagen, dass psychische Gewalt »besser« ist, sie ist meistens nur versteckter. Psychische Gewalt entsteht eigentlich grundsätzlich über heftige Manöver des Egos bzw. des Schmerzkörpers und bildet das Ende einer Eskalationsspirale. Beide Pole können in gewalttätige Auseinandersetzungen kommen, auch der »Plus-Pol«. Oft wechseln sich verbale und physische Gewalt ab. So geht einem »Schubsen« vielleicht die Aussage voraus: »Du bist ein Schlappschwanz!« – überflüssig zu sagen, dass jeder für seine eigenen Handlungen und Worte einstehen muss, egal wie sehr er vom anderen angetriggert wird. Angetriggert-Sein bedeutet nicht, dass du eine Erlaubnis hättest, dich anschließend total daneben zu benehmen.

In der Aufarbeitung von Gewalt ist es ganz wichtig, beide Aspekte zu sehen: Einmal die persönliche Verantwortung und das schlichte Stoppen von ausgeübter Gewalt, und andererseits das Handlungs- und Gefühls-Muster dahinter. Die Arbeit daran gestaltet sich meist so schwer, dass es den Rahmen dieses Buches übersteigt. Ihr solltet euch in diesem Fall wirklich Hilfe suchen. Daher stelle ich hier nur einige »Erste-Hilfe-Maßnahmen« vor:

Als ersten Schritt vereinbart ihr »Ausweichverhalten« wie, bei bestimmten Signalen sofort auseinanderzugehen. Allein die Vereinbarung kann schon komplex werden, wenn das Ausweichverhalten wieder einen von beiden aggressiv macht. Dann versucht ihr, das Muster eurer Wut und Auseinandersetzungen zu untersuchen, und klärt, warum die Beziehung überhaupt aufrechterhalten wird. Am Muster sind immer beide beteiligt. In der Regel steckt dahinter ein destruktiv »programmierter Liebeschip«, also dass in der Kindheit bereits Gewalt mit Liebe vermischt wurde, und ihr – wie ferngesteuert – immer wieder das gleiche Szenario aufsucht, natürlich in der Hoffnung, diesmal Liebe ohne Grenzübertritte zu bekommen. Ähnlich wie in On-/Off-Beziehungen entsteht durch hoch-emotionale Wiedervereinigungen eine sehr starke Bindung.

Sucht

Ich bin auch kein Experte, was »traditionelle« *Süchte* angeht und arbeite kaum zu dem Thema. Dennoch weiß ich: Eine Beziehung, in der einer der Partner ein ausgewachsenes Sucht-Problem hat (egal ob stoffgebundene oder stoff-ungebundene Süchte), kann nicht wirklich funktionieren. In Langzeit-Beziehungen mit Sucht ist der andere Partner in aller Regel co-abhängig (das heißt, er unterstützt ungewollt das Sucht-

Verhalten des anderen). Ich lehne solche Paare zur Paartherapie meist ab, weil es ohne vorherige Behandlung des Sucht-Themas keinen Fortschritt in Beziehungsfragen gibt und das Ganze herausgeschmissenes Geld ist. Leider begegnen einem durchaus Situationen, in denen du schlicht und ergreifend nicht weißt, ob dein Partner eine Sucht hat. Es kann beispielsweise etwas Geheimes wie Spielsucht oder Pornosucht sein. Wenn dein Partner sich immer wieder seltsam, »down oder high« und abgeschottet verhält, sich selbst unter einer Paar-Beratung nichts bewegt, solltest du auch über versteckte Süchte nachdenken.

Das bindungsängstliche Dreieck

Eines habe ich in meinen Jahren als Paartherapeut gelernt: Beziehungs-Dreiecke sind keine gute Idee und verursachen nur Schmerz, auch wenn es in der Literatur, im Film oder der eigenen Wunsch-Phantasie anders aussehen mag. Ein Dreieck ist jede Konstellation, in der eine dritte Person in intimer Weise neben der Hauptbeziehung involviert ist. Das kann alles sein von einer Affäre bis zu einer stabilen Nebenbeziehung, bei der zum Beispiel Sex »ausgelagert« wird. Wenn du nicht gerade eine der seltenen offenen Beziehungen führst, bringt ein Dreieck immer Lügen bzw. zurückgehaltene Informationen mit sich. Und das wiederum bedeutet auf Dauer unweigerlich Schmerz.

Warum gibt es nun trotzdem geheime, teilweise jahrelange Dreiecksbeziehungen (oder Beziehungen mit noch mehr »Ecken«), die nicht aufgedeckt werden bzw. nicht auffliegen? Das liegt meiner Meinung nach daran, dass sich in einem Dreieck niemand wirklich einlassen muss.

Nehmen wir einmal eine klassische Affäre. Oft zeigt sich bei allen Beteiligten eine Angst vor echter Nähe. Der Betrogene lebt das so aus, indem er einfach wegschaut. Der Betrüger andererseits verliebt sich in jemanden, mit dem gar keine richtige Beziehung möglich ist. Die »Affäre« macht das Gleiche bzw. will gar keine wirkliche Verbindung. Trotzdem werden die drei meiner Ansicht nach nicht tiefergehend glücklich mit solchen Konstellationen. Man bleibt unter seinem vollen Potenzial und setzt sich nicht ernsthaft mit seinen Persönlichkeits-Themen auseinander. Dreiecksbeziehungen enden oft in Liebessucht, zumindest für einen.

Ich bekomme endlos viele E-Mails zum Thema Dreieck – sie funktionieren einfach nicht und halten dich jahrelang auf. Daher mein dringender Rat: Halte dich lieber draußen.

Weitere Arten von toxischen Beziehungen

Es würde den Rahmen dieses Buches sprengen, alle Möglichkeiten aufzuzählen. Deshalb benutze ich auch lieber das Wort »toxisch« verallgemeinernd. Ein toxischer Partner manipuliert, sagt nicht immer die Wahrheit, mag keine Standards, ist heiß/kalt oder auch extrem anhänglich (bis zum Stalking) und übernimmt keine Verantwortung. Ob das dann ein Narzisst, Süchtiger, co-abhängiger Mensch oder sonst jemand ist – das »Label« spielt keine wirkliche Rolle.

Was ist Co-Abhängigkeit

Co-Abhängigkeit ist ursprünglich ein Begriff aus der Sucht-Therapie und bezeichnet beispielsweise den Partner eines Alkoholikers, der ungewollt die Sucht durch nachgiebiges und abhängiges Verhalten unterstützt. Der Begriff hat sich aus dem englischen Sprachraum kommend erweitert auch auf die Partner von Narzissten, Borderlinern etc. Im Rahmen dieses Kapitels über toxische Beziehungen kann man sagen, dass alle Liebessüchtigen zumindest co-abhängige Tendenzen haben. Aber nicht alle Co-Abhängigen sind automatisch immer liebessüchtig. Noch schillernder wird der Begriff, wenn zum Beispiel Borderliner selber ausgeprägte co-abhängige Strukturen aufweisen.

Ähnlich wie viele andere hier geschilderte Persönlichkeitsausprägungen ist Co-Abhängigkeit eine »Spektrumsstörung«: Jeder von uns hat zumindest ein paar co-abhängige Anteile.

Der schon zitierte amerikanische Psychologe Ross Rosenberg schlägt als Alternative die Bezeichnung »Selbstliebe-Defizit-Störung« vor, was tatsächlich den Kern der Störung ausmacht. Während sich der Narzisst nur um sich selber dreht, dreht sich der Co-Abhängige impulshaft nur um den Partner, versucht ihn zu ändern oder bis zur Selbstaufgabe zu retten und toleriert dabei dessen anti-soziales oder egozentrisches Verhalten. Co-Abhängige neigen zu übermäßig »nettem«, angepasstem Verhalten, von dem sie unbewusst, aber intensiv hoffen, dass sie selbst dadurch endlich geliebt werden.

Co-Abhängigkeit wird interessanterweise bisher nicht als offizielle Störung angesehen, sie liegt aber nahe der dependenten (abhängigen) Persönlichkeitsstruktur. Meist (aber keineswegs immer) betrifft sie den »Plus-Pol«, der verlustängstlich reagiert.

Oft zitierte Symptome von Co-Abhängigkeit sind:

- Intensive, aber instabile persönliche Beziehungen.
- Die Unfähigkeit, alleine zu bleiben, begleitet von verzweifelten Bemühungen, nicht alleine zu leben.
- Chronische Gefühle von Leere und Langeweile.
- Die eigenen Bedürfnisse hinter die Bedürfnisse von anderen stellen.
- Überwältigender Wunsch nach Akzeptanz und Anerkennung.
- Perfektionismus.
- Ohnmächtige Kontrolle.
- Der eigene Bezugspunkt liegt im anderen.
- Unehrlichkeit und Verleugnung.
- Manipulatives Verhalten.
- Über-Empathie und Über-Toleranz.
- Erheblicher Mangel an Vertrauen, Selbstbewusstsein und Selbstliebe.

Co-Abhängige besitzen selbst Mauern, so wenig das auch sichtbar ist. Immer nur seine nette Fassade zu zeigen ist leider nicht authentisch. Und das angepasste Verhalten aus einem »angelernten zweiten Ich«

führt dazu, sich fatalerweise emotional nicht verfügbar zu machen. Damit Co-Abhängige überhaupt eine Beziehung erfahren können, die sie sich im Guten wünschen, müssen sie als erstes herausfinden, wer sie WIRKLICH sind – und damit ihre Co-Abhängigkeit ein Stück weit überwinden.

Toxische Beziehungen bestehen SEHR oft aus einer Verbindung von Menschen mit co-abhängigen Anteilen auf der einen und Anteilen der sogenannten »Cluster B«-Ausprägungen von Persönlichkeitsstörungen auf der anderen Seite. Deshalb erläutere ich diese Verbindung hier etwas genauer:

Narzissten, Borderliner, Psychopathen, Histrioniker

Das Diagnose-System DSM-V listet diese vier Persönlichkeitsstörungen unter dem Namen »Cluster B« auf. Gemeinsame Merkmale sind das ständige Drehen um sich selbst sowie dramatisches, oft auch erratisches und emotional-instabiles Verhalten. Man kann auch mehrere Störungen zugleich aufweisen (zum Beispiel kann eine Borderlinerin durchaus soziopathische Züge haben).

Zu diesem Themenbereich finden verschiedene Forschungen statt mit ebenfalls sehr unterschiedlichen Erkenntnissen, insgesamt aber kann man durchaus davon ausgehen, dass 5–10 % der Bevölkerung zumindest bedeutsame Anteile an diesen Störungen haben (und im Online-Dating-Pool noch mehr). Wenn man außerdem bedenkt, dass diese Personen extrem gute »Dater« sein können und mit zahlreichen Partnern lebten, verwundert es nicht, wenn sehr viele Menschen schon einmal in eine toxische Verstrickung geraten sind.

In Beziehungen verhalten sich diese Partner nach einer furiosen Startphase meist (aber keineswegs immer) bindungsängstlich (der »Minus-Pol«).

Auch wenn diese Störungen faszinierend wirken und beständig für neue Schlagwörter herhalten müssen, halte dich nicht zu sehr damit auf herauszufinden, welches »Label« auf deinen Partner zutrifft. Du bist kein Psychiater oder Psychologe, und mit Verlaub: Es spielt nicht wirklich eine Rolle. Wenn dein Partner deine Standards bricht, du wie auf Eierschalen einhergehst, die Beziehung dich massiv destabilisiert, du belogen und manipuliert wirst – wen sollte interessieren, wie das Label dafür lautet. Du darfst dann einfach gehen oder dich fragen, warum du es nicht tust. Letzteres ist die entscheidende Frage, die in diesem Fall zu klären ist. Weitere Details zur praktischen Vorgehensweise findest du in meinem Kurs »Umprogrammierung des Liebeschips«.

Psychopathie / Soziopathie

Diese Störung heißt eigentlich »anti-soziale Persönlichkeitsstörung«, aber ich benutze hier den recht ähnlichen und bekannteren Begriff Psychopathie.

Psychopathie ist im Wesentlichen angeboren. Diese Störung ist gekennzeichnet durch massiv mangelnde Empathie und ein weitgehend fehlendes Gewissen. Menschen mit dieser »Diagnose« haben unter Umständen schon in der Kindheit Tiere gequält. Im Erwachsenenalter zeichnen sie sich durch extreme Manipulation anderer aus und dauerndem Lügen zu ihrem eigenen Besten. Viele sind kriminell geworden, aber gerade die schlausten Psychopathen leben im Alltag ganz normal und sind nicht selten extrem charmant und verführend. Sie scheinen Emotionen zu haben, tatsächlich ist aber vieles davon angelernt und nicht innerlich gefühlt. Wegen ihrer mangelnden Hemmungen sind sie unter Umständen sehr erfolgreich.

Soziopathie wird eher durch live events ausgelöst, also tiefgreifende Erlebnisse in der Kindheit, ist aber ebenfalls von stark anti-sozialem Verhalten geprägt.

In der Praxis äußern sich Psychopathie / Soziopathie vor allem darin, dass du gegebenenfalls ganz bewusst manipuliert oder auch gequält wirst.

Narzissmus

Narzisstische Menschen glauben, dass sie anderen überlegen sind. Symptome dafür können sein:

- Extrem negative Reaktionen auf Kritik.
- Die eigene Bedeutung wird massiv überschätzt.
- Die eigene Selbstabwertung wird projiziert auf andere, sie werden schlechtgemacht.
- Innere und äußere Beschäftigung mit grandiosen Gedanken.
- Exzessiver Wunsch nach Bewunderung.
- Ausgeprägtes Anspruchsdenken.
- Mangelndes Mitgefühl und Ausnutzen persönlicher Beziehungen zum eigenen Vorteil.
- Eine Vielzahl manipulativer Verhaltensweisen.
- »Lockerer« Umgang mit Wahrheit.
- Emotionale Kälte.
- Eifersüchtig machen durch Einbringen von Dritten (Triangulation).
- Charismatische und charmante Ausstrahlung.

Es ist wichtig zu verstehen, dass auch Narzissmus eine »Spektrumsstörung« ist: Jeder hat ein paar narzisstische Anteile, manche haben eine narzisstische »Akzentuierung« und manche Narzissmus in voller Ausprägung. Wie stark sich die Störung auf Beziehungen auswirkt, kannst du nur im konkreten Fall feststellen. »Offene« Narzissten sind gar nicht so extrem gefährlich, weil du sie eigentlich leicht erkennst. Schwierig wird es erst, wenn es sich um eine versteckte, »verletzliche« oder auch scheinbar altruistische Variante handelt. Führende Mitglieder von spirituellen oder religiösen Vereinigungen oder durchaus auch Therapeuten können beispielsweise hoch-manipulative Narzissten verkörpern.

Das Um-sich-selbst-Drehen ist allen hier beschriebenen Cluster B-Störungen eigen, insofern zeigen sie alle mehr oder weniger narzisstische Anteile.

Borderline

Bei *Borderlinern* findest du häufig ein Bindungsmuster, das sowohl von starker Verlustangst als auch starker Bindungsangst geprägt ist. Viele Borderliner erwecken den Eindruck, »gerettet« werden zu wollen, scheinen nach der Rettung aber gleich wieder in tosende Wellen springen zu wollen. Ein Zusammenleben mit einem (untherapierten) Borderliner ist von Extremen, Hin und Her, Dramen und Schwarz-weiß-Denken bestimmt. In einem Moment wirst du gehasst, im anderen bittet er dich verzweifelt, nicht zu gehen. Es können zusätzlich deutliche narzisstische Akzentuierungen vorkommen.

Häufige Symptome sind:

- Verzweifeltes Bemühen, reales oder imaginäres Alleinsein zu verhindern.
- Ein Muster von instabilen und intensiven zwischenmenschlichen Beziehungen.
- Identitätsstörungen (eventuell auch fluktuierende sexuelle Identität)
- Impulsivität, zusätzliche Süchte, selbstverletzendes Verhalten, leichtsinniges Verhalten, Suizidalität.
- Emotionale Instabilität.
- Chronische Gefühle der Leere.
- Unangemessen starke Wut.
- Schwarz-weiß-Denken.

Borderline hat einige Ähnlichkeiten mit dem Konzept von verstecktem, verletzlichem Narzissmus. Nicht alle Borderliner sind narzisstisch, aber die sogenannte Komorbidität (das gemeinsame Auftreten) mit Narzissmus ist recht hoch (mindestens ein Drittel).

Histrionie

Die *histronische* Persönlichkeitsstörung wird seltener diagnostiziert. Sie zeigt besonders viele Parallelen zum Konzept von »verletzlich«-verstecktem Narzissmus, ist manchmal aber auch von Borderline schwer abgrenzbar. Inzwischen ist sie »etwas aus der Mode gekommen« und geht diagnostisch zunehmend in die Boderline-Störung auf.

Symptome können sein:

- Selbstbezogenheit; man fühlt sich unwohl, wenn man nicht im Zentrum der Aufmerksamkeit steht.
- Beständiges Suchen von Bestätigung.
- »Über«-sexuelles Verhalten, gegebenenfalls »unangemessenes« sexuelles Verhalten.
- Extrem beschäftigt mit dem eigenen äußeren Erscheinungsbild; nutzt eigene »Reize«, um viel Aufmerksamkeit auf sich zu ziehen.
- Meinungen sind leicht beeinflussbar von anderen, hohe Suggestibilität.
- Dramatische Kommunikation mit übertriebener Emotionalität (dabei immer spannend, nie langweilig, wenn auch oft mit wenig »Tiefgang«).
- Nimmt Beziehungen intimer wahr, als sie wirklich sind.

Nach meinen Erfahrungen haben es die allermeisten Männer, die in meine Liebeschip-Praxis kommen, im weiteren Sinne mit dieser Problematik und / oder Borderline bei ihrer Partnerin zu tun gehabt.

22 Der Liebeschip

Eine Vielzahl meiner Klienten versuchen, aus dysfunktionalen Beziehungen herauszufinden. Oft stellen sie fest, dass sie ein bestimmtes Beziehungsmuster zielsicher wiederholen. Dabei scheinen sie blindlings auf die gleichen (problematischen) Partner zu treffen. So findet vielleicht ein Mann mit einer alkoholkranken Mutter immer wieder Freundinnen mit Alkohol-Problemen, und das, obwohl diese anfangs nichts davon zeigten. Der Grund dafür ist das sogenannte »Imago«, das heißt das innere, unbewusste »Suchbild« vom Partner, welches in der Kindheit angelegt wird. Ich nenne dieses Suchbild lieber den »Liebeschip« und habe ein recht erfolgreiches Programm von Kursen entwickelt, die diesen Liebeschip analysieren und helfen, ihn »umzuprogrammieren«.

Es ist eigentlich recht einfach: Was wir als Kind oder Säugling vorgesetzt bekommen, speichern wir auf unserem Liebeschip als Liebe ab. Wenn wir nun in unserer Kindheit schwierige, schmerzhafte Bedingungen erfahren haben, programmieren wir unseren Chip gleichzeitig mit Liebe und Schmerz. In späteren Liebesbeziehungen suchen wir dann ebenfalls schmerzhafte Bedingungen (z.B. in einer On-/Off-Beziehung) und setzen den empfundenen Schmerz und die Intensität fälschlicherweise mit Liebe und Leidenschaft gleich. Als Problem dabei erweist sich, dass dieses ganze Emotions-Programm in tiefen Schichten unseres Gehirns abläuft und rationalem Denken kaum zugänglich ist. Das Ganze wird dann von einem selbst als »Beuteschema« schulterzuckend abgetan. Aber leider führt genau dieses Schema zu immer den gleichen, gegebenenfalls frustrierenden Beziehungserfahrungen.

Wenn wir jemanden finden, mit dem sich »alles richtig anfühlt«, der »der / die Eine unverwechselbare ist« usw., heißt es – leider – einfach nur, dass diese Person exakt auf unserem Liebeschip liegt, der aber nicht unbedingt die beste Programmierung hat.

Die Liebeschip-Skala und das Gesetz der Anziehung

Wie schon im Kapitel über toxische Beziehungen ausgeführt, zeigen die allermeisten dysfunktionalen Beziehungen ein bestimmtes Muster. In aller Regel gibt es – ganz platt gesagt – einen »Tuer« und einen »Lasser«. Es gibt einen, der eher den egozentrischen, meist auch bindungsvermeidenden »Minus-Pol« einnimmt, und einen oft verlustängstlichen »Plus-Pol«, der dazu neigt, die eigenen Bedürfnisse zu verleugnen und sich übermäßig anzupassen.

Der amerikanische Psychologe Ross Rosenberg hat diese Kontinua in seinem Buch »The human magnet syndrome« beschrieben und auf einer Skala aufgetragen. -5 bedeutet dabei in meiner Skala extrem bindungsvermeidend, eher egozentrisch, eher unempathisch, oft auch (muss aber nicht) süchtig oder narzisstisch. +5 bedeutet starke Co-Abhängigkeit, sich viel zu sehr an andere anpassend, deutlich mangelnde Selbstliebe, Verlustangst, emotionale Abhängigkeit. Auch manche stark co-abhängig geprägten Borderliner können sich im +5-Spektrum wiederfinden.

Eine 0 würde bedeuten, dass du auf diesem Spektrum völlig ausgeglichen bist. »Normale Beziehungen« spielen sich zwischen -2 und +2 ab, dass heißt, es gibt zwar auch jemanden, der »etwas« mehr nimmt, und jemanden, der »etwas« mehr gibt, aber beides befindet sich einigermaßen im Gleichgewicht, dieses Muster kann kommuniziert werden, es werden gemeinsame Lösungen gefunden. -3 / +3 wäre dann ein Übergang, jenseits davon handelt es sich um toxische Beziehungen. Leider!

Das Anziehungsgesetz besagt nun, dass sich tendenziell immer ähnliche Ausprägungen der anderen Seite finden. Eine -5 braucht / sucht eine +5 und so weiter. Dies ist kein bewusster Prozess, er wird vom Imago bzw. dem Unbewussten gesteuert und vermittelt sich über das Gefühl von knisternder »Chemie« und starker sexueller Anziehung.

Natürlich können auch mal andere Menschen zusammentreffen (also zwei »Plus-Pole« zum Beispiel), aber es ist dann keine Beziehung mit deutlicher Chemie. Ein Beispiel dafür könnte eine stark platonische Beziehung darstellen.

Selbst wenn du dir beim Daten eine Symptomliste eines Narzissten neben das Weinglas legst, wird das nichts nützen: Ihr werdet blind aufeinander aufmerksam und findet euch einfach gut. Der Liebeschip überstimmt dabei den Kopf oder das oft schlechte Bauchgefühl – zumindest solange Letzteres nicht bearbeitet wird. Es ist, als ob du mit entsprechenden Signallampen auf dem Kopf herumrennst. Auch der bei vielen Partnern von »Minus-Polen« vorhandene Wunsch, den anderen doch irgendwie zu ändern, nützt an dieser Stelle nichts.

Es gibt nur eine Chance, aus diesen unglücklichen Beziehungen herauszukommen bzw. bessere Beziehungen zu treffen: Du musst an dir selber arbeiten, um näher an die »Null« heranzukommen. Dieser Weg gilt theoretisch für beide Seiten, die Therapiemotivation ist auf der »Plus-Pol-Seite« aber deutlich höher, da dort das Leiden (meistens) größer ist. Für Co-Abhängige bedeutet dies ganz konkret, mit Volldampf an Selbstliebe und Autonomie zu arbeiten, um von +5 irgendwann auf +2 anzukommen und dann auch gesündere Menschen anzuziehen bzw. zu finden. Es ist ein Weg, auf dem du zumindest zeitweise Mitstreiter, Therapie oder etwas Ähnliches gut gebrauchen kannst – manche gehen den Weg aber auch alleine. Weiter unten lege ich dar, was du auf jeden Fall schon mal mit Bordmitteln unternehmen kannst. Im Detail findest du mein Vorgehen in den Kursen bzw. den Modulen auf WWW.LIEBESCHIP.DE, alle Einzelheiten würden den Rahmen dieses Buches sprengen.

Dieser Weg ist nicht einfach! Für viele ist er das schwerste Unternehmen, das sie bisher in ihrem Leben auf sich genommen haben. Aber der Gewinn ist ebenso hoch. Und: Ich habe immer wieder erlebt, dass das Leben / das Universum / eine höhere Macht dich irgendwie »anzuschieben« scheint, wenn du erst einmal diesen Weg begonnen hast. Es wird dadurch vielleicht nicht direkt leichter, aber es passieren tolle Dinge. Du lernst womöglich unterstützende, zuverlässige, neue Menschen kennen, findest eine bessere Wohnung, verdienst mehr im Job. Ich kann das natürlich nicht wissenschaftlich belegen, aber viele berichten glaubhaft davon.

Exkurs:
Flexibilität von verschiedenen Rollen in Beziehungen

Nun sind wir an einem Punkt angelangt, wo es wahrscheinlich noch verwirrender wird. Es ist aber sehr wichtig zu verstehen, dass du selbst durchaus ganz verschiedene Rollen annehmen kannst. Viele, die versuchen, ihren Bindungstyp zu ermitteln, müssen erstaunlicherweise feststellen, dass der von Beziehung zu Beziehung unterschiedlich war.

Das liegt daran, dass sich diese Ängste immer relativ zum Partner verhalten. Wenn du zur Verlustangst neigst, hast aber zurzeit jemanden, der noch viel »verlustängstlicher« agiert, dann wirst du dich scheinbar bindungsvermeidend verhalten. Wenn du vom Typ her tendenziell eher bindungsängstlich bist, aber später auf jemanden triffst, der das noch viel ausgeprägter auslebt, kann es sein, dass du nun in eine Liebessucht rutschst. Also: Der andere drückt dich jeweils in diese unterschiedlichen Rollen.

Diese Dynamik ist auch der Grund, warum es sich so heilsam auswirkt, jemanden mit einem sicheren Bindungsmuster zu finden.

Exkurs:
Die 3 Arten von Co-Abhängigkeit

Wie oben schon angedeutet gibt es Co-Abhängige, die im Verlustangst-Modus leben, es kann aber auch umgekehrt sein, dass sie im Bindungsangst-Modus sind. Und auch Narzissten suchen ja viel Bestätigung und sind insofern (auch wenn sie das nie zugeben würden) abhängig von anderen. Worin besteht dann der Unterschied? Ich denke, der Begriff Co-Abhängigkeit sollte nicht verwässert werden, und ich bin auch der Meinung, man sollte nicht alles in einen Topf werfen. Aber auf eine Art kann man sagen, dass alle diese Gruppen nicht das an Liebe und Zuwendung bekommen haben, was sie in der Kindheit brauchten, und nun in einem permanenten Mangel leben und sich in besonderer Art von anderen Menschen abhängig fühlen.

Wenn man das aus diesem Blickwinkel sieht, kann man von drei Arten von Co-Abhängigkeit im weiteren Sinne sprechen:

Modus 1

Der erste Modus ist der des *liebessüchtig agierenden Partners*. Gemeint ist (wie in allen Modi) ein gravierend verletztes *Inneres Kind*. Das Innere Kind ist eine Instanz in deiner Psyche, bei der schöne, aber vor allem traumatische Erfahrungen aus der Kindheit gespeichert sind. Es steuert häufig unbewusst dein jetziges Verhalten mit »alten«, unter Umständen heute nicht mehr funktionalen Bewältigungsmechanismen. Ein verletztes Inneres Kind fühlt sich zutiefst nicht gut genug und wurde in irgendeiner Weise beschämt. Die Scham rührt daher, weil Kinder sich grundsätzlich in einer dysfunktionalen Familie die Schuld am Geschehen geben, etwa wenn sie häufig allein gelassen oder verlassen wurden und Grenzübertritte erlebten. Dieses Verhalten deuten sie so um, dass mit ihnen etwas nicht stimmt, sie sind nicht »richtig«. Sie können sich nicht selbst erklären: Mami ist ja Alkoholikerin, das hat nichts mit mir zu tun.

Dieses »Schattenkind«, wie es die deutsche Psychologin Stefanie Stahl nennt, ist dir selbst zunächst nicht bewusst. Du spürst es vielleicht als ein nagendes Gefühl, irgendwie nicht auszureichen und anders sein zu müssen. Innerlich besitzt du eine – ebenfalls meist nicht bewusste – Vision von einem Ideal-Selbst, das unerreichbar scheint, aber von dem du annimmst, dass du erlöst bist, wenn du dieses Ideal-Selbst sein könntest. Und dann wärst du auch endlich liebenswert. Da das Innere Kind aus diesem Drama keinen Ausweg findet (es ist sowieso wie ein

Guerillero, der nicht weiß, dass der Krieg schon lange vorbei ist), sucht es im Erwachsenenalter nach Partnern, die diesem Ideal-Selbst zu entsprechen scheinen. Hier wird entsprechend auf die »Verpackung«, also oberflächliche Attribute eines Menschen wie Attraktivität oder Status, ein extrem großer Wert gelegt. Und die trügerische Hoffnung dabei lautet: Wenn dieser Mensch dich lieben kann, dann wärst du doch gut genug.

Leider sind das meistens genau die falschen Partner, die nur scheinbar so selbstsicher daherkommen und mit Love-bombing und anderen Techniken dem Inneren Kind kurzfristig zwar einen regelrechten Kick verschaffen, aber langfristig die Wunde durch ihre emotionale Nicht-Verfügbarkeit eher noch vergrößern.

Interessanterweise fallen gesunde Partner aus diesem Raster heraus. Sie werden als nicht attraktiv oder langweilig wahrgenommen, tatsächlich fürchten sich selbst Co-Abhängige im Modus 1 vor der Verletzlichkeit echter Intimität und Nähe, so sehr sie sich beides auch gleichzeitig wünschen.

Modus 2

Dieser Modus ist der des *aktiv bindungsvermeidenden Co-Abhängigen*. Für die Psychodynamik gilt das gleiche wie beim Modus 1. Der Unterschied besteht darin, dass die Person zumeist früher im Modus 1 agierte, nach diversen negativen Erfahrungen aber bewusst oder unbewusst beschlossen hat, sich nicht mehr verletzen zu lassen und deshalb Mauern aufzubauen. Niemand wird mehr in die Nähe gelassen, es werden fast unüberwindliche Standards an potenzielle neue Partner angelegt. In diesem Modus befinden sich manche Dauer-Singles, die tief drinnen gerne in einer Beziehung leben würden, aber sich einfach nicht mehr dafür öffnen können.

Modus 3

Dies ist der *narzisstische Modus*. Auch in diesem Fall geht es um ein (oft noch viel mehr) verletztes Inneres Kind, Das aber nicht mal ansatzweise wahrgenommen, sondern quasi komplett ausgeblendet wird, wie in einem Kellerverlies mit dicken Betonmauern eingesperrt. Und auch im Modus 3 findet sich ein phantasiertes Ideal-Selbst, doch anders als bei den anderen Modi wird es nicht in einem Gegenüber gesucht, sondern der Modus 3-Partner tut so, als SEI er dieses ideale Selbst. Das führt zu der narzisstischen Selbsterhöhung, dem aufgesetzten falschen Selbstbewusstsein und zu dem allgemeinen Gefühl, etwas ganz Besonderes verdient zu haben.

Leider ist all das wie beim Kaiser ohne Kleider, alles ist wie auf Sand gebaut. Um die innere Illusion aufrechtzuerhalten, braucht man eine permanente Bestätigung von außen. Die tatsächliche Selbstablehnung wird nach außen projiziert: Nicht man selber ist nicht gut genug, der andere ist ewig nicht gut genug.

Die vier Bereiche von Selbstliebe

Wie schon an verschiedenen Stellen hier im Buch beschrieben, ist es gar nicht so einfach mit der *Selbstliebe*. Und dabei bildet sie den Schlüssel zur Überwindung von schlechten Beziehungen. Selbstliebe kann zunächst ein recht sperriges Konzept sein. Um das Ganze einmal etwas aufzubrechen, teile ich Selbstliebe gerne in vier Bereiche ein:

1. Abstand von allem Toxischen

Konkret meine ich damit: nicht zum Ex-Partner zurückkehren, den Ex-Partner nicht sofort durch jemand anderen ersetzen, nicht zu anderen Drogen wie Alkohol oder Kaufen greifen. Abstand von allem Toxischen bedeutet außerdem, dass du deinen Alltag Stück für Stück anschaust und nur die Sachen an dich heranlässt, die dich wirklich weiterbringen und nicht runterziehen. Das sind für jeden natürlich individuelle Themen, beispielsweise einmal keine Nachrichten mehr zu hören oder sich endlich gesünder zu ernähren oder dich mehr zu bewegen. Oft weißt du im Stillen seit Längerem, welche Dinge du ändern solltest und welche dir guttun. Und dann tue sie jetzt einfach und denk nicht erst darüber nach.

Wenn ich Klienten habe, die sagen, sie unternähmen alles Mögliche in Sachen »Selbstliebe«, aber es ginge ihnen damit nicht besser, liegt es fast immer daran, dass sich noch ein Ex-Partner in ihrem Leben herumtreibt oder andere für sie toxische Einflüsse weiterwirken. Bedenke: Toxische Beziehungen und Spielarten sind leider das Gegenteil von Selbstliebe.

2. Arbeit am Inneren Kind

(Toxischer) Liebeskummer stellt immer auch (aber nicht nur) eine Regression in die Kindheit dar: Wir spüren unsere alten Wunden, die Phasen, in denen wir nicht die Liebe und das Urvertrauen erhalten haben, das wir uns gewünscht haben und dass wir damals brauchten. Auch wenn du das erst vielleicht nicht verstehen kannst: Wir spüren auch, dass du DICH nicht hast, du dich selbst nicht akzeptierst und auch nicht glauben kannst, dass es das Universum vielleicht doch nicht so schlecht mit dir meint. Sich selbst nicht haben heißt, keinen wirklichen Kontakt zu sich zu haben. Und das hat wiederum zur Folge, dass du keinen guten Kontakt zu deinem (verletzten oder wütenden) Inneren Kind hast. Dieses Innere Kind kann mehrere Anteile umfassen, beispielsweise einen Inneren Jugendlichen.

Jedes Alter ist weiterhin in dir vorhanden und lebt noch in dir. Die tiefen Wunden wurden aber meist vor dem Erwachsenen-Alter geschlagen. Selbstverständlich kannst du auch als Erwachsener schlimme Dinge erleben, aber aus der Sicht eines Kindes ist vieles noch einsamer, hoffnungsloser, ohnmächtiger.

Dieses verängstigte Kind (oder die Kinder) sind also noch eine psychische Realität in dir, und tatsächlich sitzen sie gerade bei bindungstraumatisierten Menschen viel stärker »am Steuer«, als man denkt. Und wie wir alle wissen, versuchen wir intensiv, uns sehr gut um Kinder zu kümmern, aber man lässt sie nicht »das Auto« fahren.

Wie kannst du dich nun um dein Inneres Kind kümmern? Allein zu diesem Thema werden ganze Bücher geschrieben, es ist ein weites Feld und eine Domäne klassischer Psychotherapie jeder Couleur. (In meinem Ansatz zum Liebeschip empfehle ich aber auch, sich nicht ZU viel mit der Vergangenheit zu befassen, sondern direkt an seinen Zielen für die Zukunft zu arbeiten.)

Als ersten Zugang haben sich aus meiner Sicht Phantasie-Reisen zum Inneren Kind sehr bewährt. Eine solche Phantasie-Reise findest du in meinem Online-Kurs »Umprogrammierung des Liebeschips« auf WWW.LIEBESCHIP.DE. Du lässt dich an einem geschützten Ort in eine Trance bringen und begegnest dort deinem Inneren Kind. Am Anfang bekommst du es meistens mit dem am meisten verletzten Anteil des inneren Kindes zu tun. Das Alter des Kindes, dem du da begegnest (vom Säugling, ja Embryo, bis zum Jugendlichen kann das alles sein) ist dann das Alter, in dem die größte Verletzung stattgefunden hat. Das Kind, das du triffst, kann bockig sein, weinend, abgewandt, wie schmerzvolle Kinder sich halt verhalten können. Und es geht nun darum, durch den »Erwachsenen in dir« den Kontakt zu diesem Teil wiederherzustellen. Ein solches Verfahren ist natürlich nur der Beginn einer langen Reise, aber solche Phantasie-Reisen machen deine Erlebnisse und Gefühle konkret sinnlich erfahrbar.

Im Folgenden geht es darum, Zusammenhänge zu verstehen. Wenn du in deinem Alltag zum Beispiel extrem gekränkt reagierst, überlegst du nicht, was dein nerviger Kollege gerade wollte. Nein, stattdessen gehst du direkt in deine Gefühle und Erinnerungen und versuchst herauszufinden, ob es ähnliche Situationen in deiner Kindheit gegeben hat. Dann versuchst du als Erwachsener, deinem Inneren Kind vertrauensvoll zuzuhören, sodass es zumindest »jetzt« mit seinem Schmerz nicht alleine ist und sich verstanden und geborgen fühlt.

In diesem Prozess kommen häufig nach und nach mehr Erinnerungen hoch, sodass sich idealerweise alle Reaktions-Muster wie bei einem Puzzle zusammensetzen. Helfen kann bei diesem Prozess auch, dass du beispielsweise ein Bild von dir als Kind auf den Tisch stellst oder die Spiele machst, die du als Kind immer machen wolltest.

Wenn du dein Inneres Kind genauer kennengelernt hast und für es da bist, kannst du es auch vom Steuer fernhalten und dem erwachsenen

Teil in dir die Kontrolle deines Lebens überlassen. Das heißt natürlich nicht, dass du nicht manchmal dein glückliches Inneres Kind rauslässt und einfach mal Quatsch machst, egal wie alt du gerade bist ☺!

Meine Erfahrung ist allerdings im Gegensatz zu anderen Autoren, dass die Innere-Kind-Arbeit alleine nicht reicht. Letztlich geht es nicht nur um die inneren Erkenntnisse, du musst diese auch in ganz konkretes, selbstliebendes Verhalten umsetzen. Das geschieht nicht einfach »von selbst«, das darfst du ganz aktiv anschieben.

3. Abbau von Co-Abhängigkeit

Dies ist einer meiner Lieblingspunkte in der Arbeit mit Klienten. Es geht darum, ohne Umwege und langwierige Therapien das eigene Verhalten direkt zu ändern in Richtung eigener Grenzen, Selbstliebe und Für-sich-Einstehen. Und darum, ALLE Beziehungen im Leben »auf die Probe« zu stellen unter der Fragestellung, ob du mehr hineingibst, als du herausbekommst. Bist du diejenige, die immer für die anderen da ist, aber nicht für dich selbst? Machst du jedes Mal die Überstunden im Team, wenn das notwendig wird? Wer hat dich besucht, als du das letzte Mal im Krankenhaus warst? Meldest du dich immer bei deinen Freunden oder diese sich auch bei dir?

Der Freunde-Bereich ist nicht grundsätzlich betroffen, aber meistens schon. Manche von meinen »Studenten« melden sich probehalber einen Monat bei niemandem, um einmal zu sehen, wem das überhaupt auffällt.

Wenn du Reibung und Ungleichgewicht bei Freundschaften feststellst, kannst du auch an diesen Beziehungs-Kreis mit Standards und Dealbreakern herangehen und versuchen, ihnen deine Bedürfnisse zu schildern. Wenn es wirklich gute Freunde sind, werden sie vielleicht etwas murren, dass du nicht mehr so pflegeleicht bist, aber sie werden dich respektieren. »Freunde«, die dich eigentlich mehr für ihre eigenen Interessen benutzen, werden wohl durchs Raster fallen.

In diesem wirklich harten Prozess können im Verlauf von Monaten oder 1–2 Jahren manchmal 70–80% der Freundschaften und

Bekanntschaften wegfallen. Das macht es natürlich zunächst noch schwerer, einen solchen Weg zu gehen. Aber: Es wird sich auszahlen. Du wirst neue Menschen kennenlernen, die dich respektieren, auf dich zugehen, sich gerne mit dir austauschen wollen und auch für dich da sind.

Vielleicht bist du auf der Arbeit jetzt viel mehr auf deine Interessen bedacht. Vielleicht bist du unbequemer und gehst auch mal zum Anwalt, wenn dich jemand übers Ohr zu hauen versucht. Wenn es Menschen in deinem Leben gibt, die unter Umständen jahrzehntelang von dir profitiert haben, kann es eine regelrechte Chaos-Zeit geben, weil sie die neuen Spielregeln in deinem Leben schlicht nicht akzeptieren wollen. Geh einfach immer weiter, das ist entscheidend. Und: Du musst dabei nicht perfekt sein.

In dieser Phase ist es gut, eine kleine »Pit Crew« von ein paar Menschen zu haben, die dich in diesem Prozess wirklich unterstützen. Das kann auch gut eine »Gruppe« sein, auf die du dich verlassen und bauen kannst (siehe Hinweise dazu am Ende des Buches).

Letzten Endes bedeutet der Abbau von Co-Abhängigkeit im Kontakt zu anderen Menschen, dass du sagen kannst, was du denkst, ohne dass es dich groß beschäftigt, was andere darüber denken oder ob sie sich womöglich von dir entfernen. Du stehst für dich ein – no matter what.

Falls du in dieser Zeit wieder datest, wirst du jetzt deine Standards nicht mehr kompromittieren lassen. Und so stellst du immer weniger ein Match für Manipulatoren dar (auch wenn du sicherlich noch oft »getestet« werden wirst).

Der Weg ist zuweilen ein extremer Gebirgspfad, anfangs gehst du quasi durch die »Hölle«. Du kommst aus toxischem Liebeskummer heraus und sollst oder darfst nun auch noch dein ganzes Leben auf den Kopf stellen. Aber mach dir immer wieder bewusst, was der Gewinn für dein Restleben ist: eigene Klarheit, Selbstvertrauen, sicheres Auftreten, neue gute Freunde, sichere Bindungen.

Der Weg ist übrigens nur am Anfang so beschwerlich, er wird nach hinten heraus deutlich leichter.

4. Glaubenssätze ändern

Du nutzt im Prinzip auch in diesem Abschnitt verhaltenstherapeutische Werkzeuge. Vielleicht denkst du: »Hey, ich liebe mich doch. Was denn sonst …?« Aber probiere bitte einmal aus, einen Monat lang deine Gedanken über dich selbst zu protokollieren. Ich wette, es sind viele schlimme und harte Einschätzungen dabei, die du über dich denkst. Vielleicht sagst du dir: »Ich bin so dumm, so hässlich, so ein Versager« (natürlich in deinen Worten). Notiere diese Aussagen jeden Abend, wie ein Flugschreiber. Auf diese Weise nimmst du die Sätze bewusst wahr. Es ist nicht so, dass du solche Dinge über dich wirklich denken willst, sondern es handelt sich um eine alte Gewohnheit, die bereits in deiner Kindheit angelegt wurde. Als Kind reflektierst du nicht: Meine Mami könnte mal etwas wärmer und herzlicher zu mir sein. Nein, du denkst: Was ist falsch mit MIR, dass Mama so abweisend ist. Und wenn du älter bist, dämmert es dir, dass du nicht die Zuwendung und Liebe bekommen hast, nach der du dich so gesehnt hast. Entsprechend denken wir auch bei (toxischen) Partnern, dass ihr Verhalten mit uns zu tun hat, und wir versuchen, uns zu ändern. Tatsächlich ist der andere aber einfach so, weil er so ist! Wir haben da nichts mit zu tun.

Wenn du nun diese Gedanken eine Zeitlang notiert hast, versuche, sie auf Kernaussagen »einzudampfen«. Das sind dann deine negativen Glaubenssätze, die tief in dir als feste Überzeugungen dein Selbstbild prägen und nach denen du dich zu dir selber verhältst. Typische negative Glaubenssätze lauten beispielsweise: »Ich bin nicht gut genug«, »ich bin nicht liebenswert«, »alle anderen sind wichtiger als ich«, »ich finde nie mehr Liebe« … Meist hat man nur 3 – 5 von diesen »Kracher«-Glaubenssätzen.

Deine Aufgabe besteht nun darin, sogenannte »Konter-Gedanken« zu finden. Das heißt, du schreibst zu jeder dieser negativen Aussagen DREI positive Umformulierungen auf, die richtig Power haben. Nehmen wir einmal den Gedanken »Ich finde nie wieder jemanden«. Der erste Power-Satz könnte jetzt umgeschrieben so heißen: »Mit jedem Tag werde ich durch mehr Selbstliebe attraktiver, und wenn ich außerdem bald gut alleine leben kann, werden die Richtigen schon kommen.« Schreibe einen Monat lang Tag für Tag diese »Konter-Gedanken« auf.

Nach einer gewissen Zeit wirst du deine negativen Glaubenssätze schon beim Entstehen wahrnehmen können. Und bald werden dir auch die »Konter-Gedanken« immer leichter einfallen, schließlich ohne sie aufschreiben zu müssen. Du wirst merken, dass letztlich vieles »mindset« ist: Du kannst die Dinge so oder so sehen, und davon hängen entscheidend deine Emotionen ab.

Vielleicht denkst du nun, das ist ja alles prima. Aber ich kann doch nicht all meine uralten Gedanken-Autobahnen ändern. Ja, es stimmt natürlich, du kannst nicht alles ausradieren, aber das ist auch gar nicht nötig. Der Austausch der wichtigsten Glaubenssätze verhält sich eher so, wie wenn man den Kurs eines Öltankers nur um ein paar Grade ändert. Das macht auf kurze Distanz, sprich in ein paar Tagen nicht viel aus. Aber in einem Jahr kommst du auf einem ganz anderen Kontinent an.

Die (leeren) inneren Eimer

Die Wunden der Co-Abhängigen, das traumatisierte Innere Kind, das mangelnde Urvertrauen, all diese Baustellen packe ich gerne in das Bild von den »*leeren inneren Eimern*«. Jeder von uns hat diese Eimer, und wenn sie prall gefüllt sind, fühlt sich das großartig an. Ich spüre Selbstwert und Zufriedenheit. Diese Eimer können gefüllt werden mit EIGENzuwendung (sprich Selbstliebe) oder FREMDzuwendung (sprich Bestätigung aus Beziehungen, Lob anderer usw.). Wenn du eine glückliche Kindheit erlebt hast, sind deine Eimer recht gut gefüllt, und du brauchst nicht mehr so viel von außen, um sie voll zu machen.

Wenn du eine nicht so glückliche Kindheit hattest, hast du eventuell nur 30 % gefüllte Eimer und suchst beständig die Bestätigung von anderen. Mit großer Wahrscheinlichkeit bekommst du sie ab und zu, aber sie wird immer unbeständig sein und hängt von diesen anderen Menschen ab. Und – bedauerlicherweise lagert sich diese Fremdliebe nicht an, du kannst sie nicht speichern, sie rinnt wie durch Löcher aus den schon fast leeren Eimern: Wenn die Quelle der Bestätigung weggeht, werden auch die Eimer wieder leerer. Leider gibt es nach Beendigung der Kindheit nur einen Weg, deine Eimer nachhaltig zu füllen – über Selbstliebe. Ich will nicht verschweigen: Das ist ein langer Weg, es ist fast eine Lebensaufgabe und -einstellung. Das Ziel dabei sind nicht 100 % mit Selbstliebe gefüllte Eimer, für die meisten von uns eine unrealistische Vorgabe – 70 % könnten ein gutes Ergebnis ausmachen und bedeuten schon ein völlig anderes Leben.

In Liebessucht-Beziehungen werden deine Eimer am Anfang durch Love-bombing und Ähnliches radikal gefüllt, deshalb fühlt sich das so unglaublich gut an. Viele nicht-passende Partner, vor allem aus dem narzisstischen Spektrum (aber auch andere, nicht bewusste Co-Abhängige), haben die Fähigkeit, deine tiefsten Bedürfnisse zu erkennen und scheinbar zu befriedigen. Leider hält das nie besonders lange an, und es kommt zu dem süchtig machenden Auf und Ab. Solche Beziehungen bringen dir letztlich so viel, besser gesagt vor allem so wenig wie eine Droge.

Mauern aufbauen

Um die Tanzfiguren oder auch die Gemeinsamkeiten zwischen egozentrischen und co-abhängigen Partnern zu durchschauen, muss man verstehen, dass eigentlich beide *Mauern* hochziehen.

Dass der »Minus-Pol« Mauern aufbaut, um nicht zu viel Nähe zu erleben, ist unmittelbar eingängig. Aber was ist mit dem aufopferungsvoll kämpfenden, über-empathischen Partner, dem »Plus-Pol«?

Wer einmal als beste Freundin mit einem Liebessüchtigen zu tun hatte, wird merken und sich erinnern, dass sich jedes Gespräch nur um die Beziehung dreht. Wie die Freundschaft gepflegt wird, ob ihr beispielsweise mehr Zeit in der Freundschaft verbringen möchtet oder die zuhörende Freundin mal fragt, wie es ihr denn geht – all das spielt für den liebessüchtigen Menschen keine Rolle. Ähnlich verhält es sich, wenn du Menschen datest, die vorher mit einem Narzissten zusammengelebt haben. Du wirst rasch merken, dass diese oft gar keine wirkliche Intimität wollen, weil es tief drinnen eben auch Angst davor gibt, die eigene Verletzlichkeit zu zeigen, bzw. die Plus-Pole das Drama und die »bad guys & crazy girls« brauchen, um die eigene innere Leere nicht zu spüren. Du präsentierst dich als Nicht-Narzisst und spürst förmlich, dass du nicht auf dem Liebeschip des anderen liegst. Das fühlt sich an wie Beton-Mauern der Abweisung.

Beide Partner in einer toxischen Beziehung vermeiden echte Intimität, weshalb man beim »Plus-Pol« – nach der Psychologin Stefanie Stahl – auch von »passiver Bindungsangst« reden kann.

Dating Pause

Wenn du unter größten Mühen aus einer toxischen Beziehung herausgefunden hast, zeigen deine inneren Eimer meist einen Pegelstand von höchstens 10 % an und sind damit quasi leer. Und leere innere Eimer ziehen ärgerlicherweise wieder die falschen Partner an, weil sie anfangs mit ihrer Art (Love-bombing usw.) ein wunderbares Pflaster über die Wunde legen – aber auf lange Sicht nur noch mehr Schaden anrichten.

Deshalb kann ich nur eine *Dating-Pause* empfehlen, so wenig du das vielleicht gerade einsiehst, alles in dir nach dem Partner schreit und du dich furchtbar einsam fühlst. Einsam daten ist wie hungrig einkaufen (und noch viel schlimmer) und verzögert deine Heilung. Diese Pause sollte 4 bis 6 Monate anhalten, kann aber auch gerne 1 Jahr dauern. Dating-Pause meint dabei: Ich date nicht, ich flirte nicht, ich suche nicht, ich habe keinen Sex – ein Horror für manche Betroffene. Aber wenn du schmerzhaft gelernt hast, dich aus einer schädlichen Beziehung zu lösen, trotz Liebessucht den toxischen Liebeskummer zunächst überstanden hast, ohne sofort wieder einen neuen Partner zu haben, dann weißt du nun Folgendes: Du kannst dich auch für den Rest deines Lebens aus JEDER Beziehung befreien. Du kannst für DICH ALLEINE sorgen. Du kommst klar und du bist FREI.

Diese Erkenntnisse und Erfahrungen sind in ihrem Wert kaum zu ermessen und beinhalten, dass du überhaupt erst die nächsten guten Schritte gehen kannst, bei denen du jetzt lernst, deine Standards gegenüber anderen Menschen zu setzen. Ohne Trennungskompetenz und genügend Autonomie sind Standards fast wirkungslos.

23 Die Veränderung deines Liebes-chips und dessen Auswirkungen

Die neue Farbe im Regenbogen / Bewusstsein

Wenn du diese neue Sicht auf Beziehungen, die ich vor allem im Kapitel »toxische Beziehungen« dargelegt habe, zuallererst verinnerlicht hast, verändert sich deine Wahrnehmung komplett. Vielleicht kennst du den Film Matrix, in dem dem Protagonisten zwei Pillen vorgelegt werden. Nimmt er die blaue, verbleibt er in dieser Phantasiewelt, die die Maschinen generieren. Nimmt er die rote Pille, erkennt er die (unbequeme) Wahrheit, dass die sichtbare Welt doch viel auf einer Illusion beruht. Die Arbeit am Liebeschip bedeutet definitiv, die rote Pille zu nehmen und die Phantasiewelt von Liebesromanen zu verlassen (und sich dabei aber für erfüllende reale Beziehungen zu öffnen).

Plötzlich erkennst du die Realität von Beziehungen in deinem Umkreis oder auch in deiner erweiterten Familie. Und natürlich die Realität deiner eigenen bisherigen Beziehungshistorie.

Es geht um viel mehr, als nur deine »Defizite« zu erkennen. Du unternimmst einen fulminanten Bewusstseinssprung, der dich am Ende weiter katapultieren wird, als selbst die scheinbar »Beziehungs-Glücklichen«. Ist das immer schön? Nein. Aber das Gefühl von Realität, Wissen, ja auch eine gewisse Macht über diesen wichtigen Bereich deines Lebens erstrahlen wie eine neue Farbe im Regenbogen.

Das Bewusstsein bildet sich meist schneller, als dass du wirklich deine Gewohnheiten änderst. Es kann durchaus sein, dass du eher bei anderen schon Zusammenhänge und Ursachen erkennst, aber bei dir selbst mag es noch dauern, bis deine Erkenntnisse ganz eingesickert sind. Entscheidend ist: Das Wissen allein ist erst der halbe Weg, ohne die praktische Umsetzung im Alltag kommst du nicht ans Ziel. Beides beeinflusst sich gegenseitig.

Einsamkeit

Wenn du schon einmal aus einer (toxischen) Beziehung herausgeflogen bist und furchtbaren Liebeskummer hattest, stellst du oft auch weitere Freundschaften und Kontakte »auf die Probe«. Häufig (wenn auch nicht immer) musst du feststellen, dass auch in anderen Beziehungen Einseitigkeit herrscht, du von einigen deiner Freunde nicht wirklich gesehen oder auch ausgenutzt wirst. Der Prozess hat, das wird jetzt deutlich, eine Reihe von »Nebenwirkungen«, die wie das Ausspülen einer tiefen Wunde sehr wehtun können. Deshalb ist es auch ganz gut, dieses »Tal« nicht alleine zu durchschreiten und vielleicht einen Therapeuten, Coach oder eine »Gruppe« (siehe Buch-Ende) an der Hand zu haben.

Aber: Zugleich schafft dieser Prozess Platz für neue, besser zu dir passende Menschen. Sie kommen allerdings nicht sofort, wenn du jemand anderen weggeschickt hast. Es kann also eine Zeit der Einsamkeit geben, oder besser gesagt: eine Phase des Allein-Seins. In diesen Tagen und Wochen gewinnst du als erstes immer mehr DICH selbst, erkennst, wer du wirklich bist, kommst beständig besser in Kontakt mit DIR. Diese Rückführung zu dir selbst, diese zunehmende Klarheit kann und sollte tatsächlich nach und nach die Einsamkeitsgefühle lindern. Dann, wenn du schließlich für dich sorgen kannst, kommen oft auch die gesünderen Menschen an deine Tür.

Das Leben schiebt dich an

Wenn du deine Liebessucht angehst und auch nicht ersetzt durch andere toxische Ideen und Mittel, wirst du häufig feststellen, dass das Leben irgendwie besser läuft. Das soll nicht heißen, dass du unbedingt und gleich den richtigen Partner findest. Aber es passieren oft an anderer Stelle coole unerwartete Dinge und Verbesserungen. Vielleicht findest du plötzlich eine neue Wohnung, eine interessantere Arbeit wird dir angeboten, oder du verdienst schlicht mehr Geld, weil dir nicht mehr so viel Energie im Beziehungsdrama abfließt.

Jedes Date ist das Richtige

Wenn du dein Beziehungsmuster erkannt hast, kannst du unter Umständen sehr ungeduldig werden und willst nun endlich gesunde Partner treffen. Tatsächlich wirst du aber in aller Regel »vom Universum weiter getestet«. Deinen Liebeschip überwindest du nicht mal so eben. Häufig laufen dir weitere narzisstische oder anderweitig toxische Partner über den Weg, die du getrost ablehnen darfst. Viele treffen noch auf die Falschen, aber diese »Beziehungen« werden immer kürzer. Erst wenn du sie konsequent zurückweist, ihnen nicht mehr als ein oder ein paar Dates schenkst und wenn du gelernt hast, auch emotional alleine zurechtzukommen, kann jemand Neues kommen.

Aber jeder Partner und jedes Date, das du triffst, ist das momentan richtige. Warum? Weil es immer etwas zu lernen gibt. Mal betrifft es das Thema Abgrenzung, mal darfst du Probleme ansprechen lernen, ein anderes Mal findest du neue Dinge über dich heraus. Jedes »falsche« Date bildet so eine Vorbereitung auf »richtige« Beziehungen. Denn du musst erst der Partner werden, den du selber treffen willst. Das erfordert unter Umständen viel, viel Geduld. Aber je bewusster du das angehst, umso größer wird die Ernte sein. Und denk immer daran, dass wir bis zum Grab sowieso immer auf dem Weg bleiben – auch in gesünderen Beziehungen.

Eigene narzisstische Anteile erkennen (invertierter Narzissmus)

Wir alle sind Teilnehmer im Täter-Opfer-Kreislauf. Viele Opfer werden auch irgendwann zu Tätern. Menschen, die andere missbrauchen, sind selbst missbraucht worden. Wer einen Opfer-Anteil in sich erkennt, wird auch Täter-Teile (gespeist aus der Wut des Schmerzkörpers) bei sich entdecken.

Wir leben nun einmal in der Dualität, und Sonne schätzt du nur, wenn du auch Regen und die Nacht erfahren hast.

Wenn du aus einer hoch-manipulativen Beziehung ausgestiegen bist, ist es völlig in Ordnung, wütend zu sein, sich in erster Linie als Opfer zu sehen (auch mit Recht), auf den Partner zu schimpfen. Du darfst Dinge auch beim Namen nennen. Aber wenn du in dieser Position stehen bleibst, kommst du nicht weiter, weil man sich als Opfer passiv verhält und irgendwie auch egozentrisch um sich kreist.

Es hat Gründe, dass es beispielsweise in Facebook-Gruppen zu dieser Thematik hoch hergeht und oft überhaupt nicht nur friedlich ist. Beide Seiten sind wütend, traumatisiert – häufig unbewusst.

Zu einem erfolgreichen Bearbeiten des Themas gehört es, die eigene Seite der Straße zu erkunden. Das fällt noch relativ leicht, wenn es um die (co-)abhängigen Seiten deines Verhaltens geht. Aber ich kann nur dazu raten, genauer und ehrlicher hinzuschauen, in welchen Situationen du vielleicht selbst Freunde hängengelassen hast, Menschen aufgrund kleiner »Mängel« abgelehnt oder »nettes« Verhalten innerlich verachtet hast. Viele, die unter kalten toxischen Partnern gelitten haben, verhalten sich gegenüber gesünderen, netteren Dates unter Umständen überhaupt nicht immer nett. Solange du deinen eigenen Schmerzkörper nicht durchleuchtet hast, wirst du dich zeitweise so verhalten, dass es anderen wehtut.

Insofern können auch Co-Abhängige manipulativ handeln, besonders bei eigenen Interessen auch mal unempathisch, in ihrem Verhalten unvorhersehbar, manchmal voller unterdrückter Aggressivität reagieren. Das macht sie keineswegs zu Narzissten, aber es ergibt schon Sinn, nach eigenen narzisstischen Anteilen, eigenem Tätersein oder wie immer du das nennen möchtest, zu forschen. Ein Beispiel: eine Frau in einer liebessüchtigen Beziehung, die ihre eigenen Freundinnen oder nette männliche Kontakte kaum noch wahrnimmt bzw. sie teilweise als emotionalen Mülleimer benutzt, ohne wirklich etwas ändern zu wollen.

Co-Abhängige haben große Angst davor, zu »egoistisch« aufzutreten. Sie vermuten die Gefahr der Ablehnung oder Trennung aber an der falschen Stelle, nämlich dort, wo sie eigentlich bewusst mehr für sich einstehen und ihre Selbstliebe stärken sollten. Dieser Bereich ist aber völlig unkritisch und extrem heilsam.

Können Narzissten auch an sich arbeiten?

Jeder kann an sich arbeiten – wenn er wirklich will. Viele Narzissten wollen das aber gar nicht. Warum auch? Wenn man sich doch selber für fast unfehlbar hält und mit seinem eigenen Charme immer wieder jemanden findet! Zudem erfordert der Prozess ein tiefes Sich-in-Frage-Stellen, was sowieso schon jedem schwerfällt. Dazu gehört etwa die Kritikfähigkeit durch einen Therapeuten. Narzissten erfahren bei Kritik aber extrem schnell das Gefühl tiefer Kränkung, insofern beißt sich da die Katze in den Schwanz.

Wenn aber der Narzisst tief fällt, zu alt oder krank wird, um noch genügend narzisstische »Zufuhr« von außen zu generieren, kann die Welt anders aussehen. Es können dann tiefe depressive Zustände entstehen. Vielleicht lässt er in dieser veränderten Situation eine Therapie zu, in der Regel aber wegen der emotionalen Probleme und nicht wegen der Grundthematik.

Wie auch immer, ich kann dem Partner nur raten, nicht darauf zu setzen. In aller Regel wartest du Jahr für Jahr ohne jegliches Ergebnis. Wenn eine Beziehung darauf beruht, dass einer oder sogar beide eine Therapie machen müssen, ist es wohl nicht immer die richtige Beziehung zum richtigen Zeitpunkt.

Falls du die Hoffnung gar nicht aufgeben magst, kann ich nur raten, die Beziehung zu unterbrechen, bis die angestrebte Therapie tatsächlich stattgefunden hat und befriedigende Änderungen ergeben hat! Alles andere ist Augenwischerei. Und mal ein paar Stunden zum Therapeuten gehen, wird nichts Wesentliches ändern.

24 Verletzlichkeit und Ehrlichkeit: neu daten nach einem Beziehungscrash

Authentisch sein

Letztlich ziehst du die richtigen Partner an, wenn du *authentisch* und ehrlich bist. Allein an diesem Verhalten und dem Vorhaben, an sich zu arbeiten, kannst du fast ablesen, ob eine neue Beziehung Zukunft hat.

Was hindert uns eigentlich daran, »einfach« authentisch zu sein (was natürlich überhaupt nicht einfach ist)? Nach meinen Erfahrungen ist es letztendlich – bei einem tiefen Blick in dich hinein – der Glaubenssatz, nicht gut genug zu sein. Es ist die feste Annahme, dass du »Strategien« anwenden und vielleicht sogar manipulieren musst, um andere von dir überzeugen zu können. Natürlich versucht jeder, einen guten Eindruck von sich zu vermitteln, und dagegen ist auch nichts einzuwenden. Problematisch wird es erst, wenn du Dinge von dir nicht preisgibst, nicht fragst, dir nichts vermeindlich Unbequemes vom Partner wünschst, nur um ja keinen »Ärger« zu produzieren oder verlassen zu werden.

Noch ein Beispiel: Karin kommt zu mir. Ich arbeite mit ihr schon länger. Nach einer toxischen Beziehung sucht sie nach einem neuen Partner und versucht »gesünder« zu daten. Sie berichtet von einem Mann, den sie das dritte Mal getroffen hat. Schon gleich zu Anfang hatte sie dabei die Erfahrung gemacht, dass die Fotos in seinem Online-Dating-Profil offenbar sehr, sehr alt waren. Beim jetzigen Treffen erfährt sie nun, dass er nicht nur beim Alter etwas »geschönt« hat, plötzlich hat er außerdem noch einen Sohn, von dem bisher nie die Rede war. Karin merkt, dass sie das sehr irritiert hat. Die »alte« Karin hätte diese Schummeleien heruntergeschluckt. Sie hätte sich eingeredet, dass er bestimmt gute Gründe für seine Vorgehensweise hat, und hätte wohl dazu geschwiegen.

Die »neue« Karin aber spricht beide Punkte ruhig an und fragt einfach nach, warum er das so macht. Sie weiß inzwischen, dass es keinen »Mangel« gibt, was Dating angeht, und unter 4 Milliarden Männern bestimmt auch welche dabei sind, die ihre eigenen Standards erfüllen. Sie weiß, dass es ausreicht, wenn sie ein komisches Gefühl verspürt, und es keinen weiteren Grund braucht, um eine Irritation anzusprechen. Solch ein Zurückhalten von Informationen ist zwar schon an sich problematisch für sie, aber sie will ihm andererseits eine Chance geben.

Ihr Date versucht zuerst, sich zu erklären. Dann reagiert er allerdings unangenehm, erwidert ihr scharf, sie sei völlig »unentspannt« und »wisse wohl nicht, wie es heutzutage so läuft beim Dating«. Beleidigt verlässt er zügig das Abendessen. Karin fühlt sich durch diese Reaktion etwas gestresst, scheinbar trifft es genau das, was sie befürchtet hat. Gemeinsam finden wir in kurzer Zeit heraus: Durch ihre Authentizität hat sie schnell bemerkt, dass dieses Date für sie ein hoch problematischer, kontrollierender Partner geworden wäre.

Im weiteren Verlauf entdeckt Karin, wie sie es auch in anderen Alltagssituationen, etwa mit Freunden, mit ihrem Vermieter oder auch am Arbeitsplatz, vermieden hat, klar zu äußern, wenn jemand ihre Grenzen überschreitet oder sie etwas nach ihren Standards braucht. Sie registriert, dass dahinter eine alte Angst aus der Kindheit steckt: zurückgewiesen oder bestraft zu werden, wenn sie ihre Bedürfnisse äußert.

Die gleiche Ehrlichkeit gilt für Authentizität in sich weiter anbahnenden Beziehungen. Vielleicht geht es darum, den obligatorischen Abend auf der Couch nicht mehr mitmachen zu wollen. Oder mit deinem Partner zu bedenken, dass du gerade in die Versuchung gerätst, dich in jemand anderen zu verlieben, weil die Beziehung derart schlecht läuft. Oder deiner Freundin vorsichtig zu sagen, dass du ihr Parfum überhaupt nicht magst.

All das geht nur in klarer und liebevoller Art, wenn du vorher an deinem eigenen Stand gearbeitet hast und eine echte Unabhängigkeit findest, die dich automatisch attraktiv macht. Denn sie zeigt, wie viel Wert du dir selber beimisst. Die Menschen, die sich in diesem Prozess distanzieren oder die du sogar verlierst, haben sowieso nicht gepasst. Der Weg zum Gipfel ist nie überfüllt!

Echte Authentizität hat übrigens immer auch mit Mitgefühl zu tun. Es bedeutet nicht, dass du dem anderen in aggressiver Weise ein Feedback um die Ohren haust, nur um »der Wahrheit« willen. Der Partner wird mit einbezogen und nicht »kalt« an einem Ideal gemessen, das sowieso niemand erreicht.

Der Richtige fühlt sich oft ganz anders an

Wenn du jetzt außerhalb deines bisherigen (toxischen) »Beuteschemas« datest, fühlt sich eine gesündere Beziehung zunächst seltsam an. Die Treffen sollten sich natürlich schon attraktiv und kribbelnd anfühlen. Aber was dir verrückterweise fehlen wird, sind die vertrauten Drama-Kicks, die Achterbahnfahrt. Insgesamt ist alles viel gleichmäßiger und ruhiger. Das kann unter Umständen dazu führen, dass du denkst, du seist gar nicht richtig verliebt, oder dass du selber anfängst, etwas »dramatisch« zu werden. Wenn aber grundsätzlich alles soweit passt, darfst du dir Zeit nehmen, die Beziehung in deinem Tempo angehen. Nur weil du nicht »schockverliebt« bist, heißt das nicht, dass Verliebtheit nicht auch langsam wachsen kann und diesmal auf Realität basiert statt auf Phantasie-Gebilden.

Sei darauf vorbereitet, dass du nun von Zeit zu Zeit deine »Nähevermeidung« spürst. Wenn du sie nur ab und zu empfindest, ist alles soweit fein. Wenn das Gefühl permanent auftritt, empfehle ich, nochmal meinen Bindungsangst-Kurs auf LIEBESCHIP.DE durchzugehen. Oder aber dein Partner ist schlicht zu verlustängstlich und bedürftig.

Die Wichtigkeit von guter Kommunikation

Je älter man wird, umso mehr »Gepäck« hat man dabei, das heißt umso mehr schmerzhafte Erfahrungen sind abgespeichert. Aus ihnen resultiert, dass du leicht »angetriggert« wirst. Zum Beispiel ruft deine neue Partnerin mal nicht zurück und du wirst sofort an deine bindungsängstliche Ex-Frau erinnert, die das permanent so gehändelt hat. Du darfst hier genau hinschauen, ob es sich tatsächlich genau so verhält, wie du vermutest. Ob das gleiche Muster wie früher vorliegt oder es sich tatsächlich nur um eine begründete Ausnahme handelt. Nachdem du deine Standards inzwischen stahlhart geschliffen hast und echte Trennungskompetenz erworben hast, ist es nun vielleicht wichtig, wieder weicher, verzeihender, nachgiebiger zu werden – natürlich ohne erneut in das alte Fahrwasser der Co-Abhängigkeit zu geraten.

Absolut essenziell für die nächsten Schritte und die weitere Heilung deines Bindungsmusters ist jetzt ehrliche Kommunikation. Und dass du einen Partner hast, der eindeutig Verantwortung für seine Seite der Beziehung und Beziehungspflege übernimmt.

Dann kannst du ruhig klarstellen: »Es hat mich angetriggert, dass du nicht angerufen hast.« Damit lässt du das Ereignis bei dir, signalisierst aber dennoch, dass du dir in dieser Situation vom Partner Verständnis wünschst. Zugleich kannst du für dich korrigierende emotionale Erfahrungen machen, dass Nicht-Anrufen hier vielleicht doch etwas anderes war. Auf diese Weise können sich beide Partner gegenseitig aus ihren »Sümpfen« ziehen.

In einer beginnenden Beziehung, die eigentlich ganz gut anläuft, nimm dir immer nur die nächsten vier Wochen vor und denke nicht so viel an die Zukunft. Nimm dir vor, dich langsam und behutsam an all das Neue zu gewöhnen, bevor du eventuell reflexhaft wegläufst! Sei geduldig mit dir.

25 Die Zeit zwischen Beziehungen

Beziehungen sind und waren nie einfach. Klar, am Anfang hängt der Himmel voller Geigen. Aber zwei unterschiedliche Menschen zusammenzubringen auf eine konstruktive, wertschätzende Art ist ein Meisterprojekt des Lebens.

Jedes Mal, wenn du dann als Single lebst, vergisst du bisweilen, dass diese Zeit genauso wertvoll ist und genauso ein Lebensprojekt darstellt. Du übersiehst, wie mühsam häufig Beziehungen waren und genießt nicht das Leben im Hier und Jetzt. Stattdessen erfährst du tonnenweise Dating-Frust. Hier ein paar Ideen meinerseits zum Thema:

Eine Beziehung alleine macht nicht glücklich. Du kannst mit der tollsten Frau oder dem coolsten Mann der Welt zusammensein – wenn du vorher alleine nicht glücklich warst, wirst du es auch in einer Beziehung nicht dauerhaft sein. Irgendwann lässt die Verliebtheit nach. Deshalb ist es so wichtig, sein Leben spannend und vielseitig zu gestalten. Dazu kommt, dass jede Beziehung Kompromisse einschließt, was eigene Werte, Hobbys und die Alltagsgestaltung angeht. Du blendest leicht aus, dass ein einziges Beziehungsdrama wegen irgendeiner Kleinigkeit dir gehörig den Tag verderben kann.

Stell niemanden auf ein Podest

Wenn du vielleicht schon lange Zeit jemandem hinterherrennst, mache ihn nicht zum einzigartigen Traum-Prinzen, zur einzigen Traum-Prinzessin – denke immer daran: Es gibt zu jedem Menschen einen anderen, der gerade in diesem Moment auf keinen Fall mit ihm Zeit verbringen oder mit ihm schlafen will. Und die coolen Anmachsprüche, die du womöglich gerade hörst, sind schon an etliche andere ausgeteilt worden. Du bist besonders!

Sex alleine ist kein ausreichendes Fundament

Vielleicht triffst du dich mit jemandem »nur« für Sex. Eventuell überdeckt der Sex, dass ihr eigentlich gar nicht viele gemeinsame Themen habt. Aber mit Körperlichkeit entstehen immer auch Bindung und Vertrautheit. Phantasien darüber, was sein könnte, ersetzen die Realität. Und schon bist du wieder in einer unglücklichen Halb-Beziehung. Vermeide das bitte!

Du bist beziehungsfähig

Möglicherweise zweifelst du an dir. Denn du findest zurzeit einfach nicht die lebenslange romantische Beziehung. Manchmal hoffst du darauf, dass sich irgendjemand zu dir bekennt, nur damit du die Bestätigung bekommst, »gut genug« zu sein. Aber du brauchst das nicht. Schlechte Beziehungen bereiten dich nicht auf eine gute vor – an sich arbeiten und ein tolles weiteres Leben erfahren allerdings schon.

Eigene Standards

Schlimmstenfalls hast du eine »Hurrican«-Beziehung der Klasse 5 hinter dir. Nur weil das nächste Date dich etwas besser behandelt, bist du vielleicht immer noch im Sturm. Du entscheidest, wie du dich behandeln lässt. Dazu musst du dir in Ruhe klar darüber werden, was deine eigenen Standards und Wünsche eigentlich sind. Du wirst feststellen, dass viele Menschen nicht bereit sind, diese zu respektieren. Niemals solltest du deine Standards opfern, nur um nicht alleine zu sein (lies diesen Satz nochmal!). Niemals solltest du deine Standards opfern, nur um nicht alleine zu sein.

Es bringt auch nichts, Menschen zu treffen, in die du nicht so verliebt bist, nur um nicht verletzt zu werden. Am Ende wirst du es doch, und der andere gleich mit.

Taten statt Worte

Wenn du emotional etwas ausgehungert bist, bist du besonders anfällig für wunderschöne Text-Nachrichten, schnelle Geständnisse und dergleichen. Das fühlt sich erst einmal gut an. Aber letztendlich zählen schöne Worte wirklich nichts, wenn die entsprechenden Handlungen nicht dazu passen. Nach ihnen solltest du ein Match beurteilen.

Zurückweisung

Den oder die Richtige zu finden bedeutet unweigerlich, einige Menschen zurückzuweisen und natürlich auch zurückgewiesen zu werden. Das hat nichts mit dem eigenen Wert zu tun. Und du solltest öfters sogar froh darüber sein. Es ist die beste Aktion desjenigen, der dir nicht geben kann, was du dir wünschst. So entsteht Platz für die Richtigen.

Mach deine eigenen Regeln

Der Schlüssel zum Erfolg in vielen Bereichen ist, an sich und sein Potenzial zu glauben. Es herrscht so viel Mittelmäßigkeit überall, weil viele in ihrer Komfortzone verbleiben. Lebe deine Träume. Vertraue, dass du die Ressourcen dazu findest. Geh einfach los – und lebe nach deinen eigenen Regeln.

Verschwende keine Zeit

Wenn du jemanden datest, bei dem du bald merkst, das wird eh nichts, geh einfach weiter. Auch wenn du dadurch etwas Sex haben könntest. Du denkst womöglich: Oh, das ist nur ein bisschen »Freundschaft-Plus«, das macht ja nichts. Aber du entwickelst doch eine Bindung und bist nicht richtig offen dafür, die Richtige kennenzulernen.

Das Gleiche gilt natürlich in dem Fall, wenn der andere deine Dating-Standards deutlich verletzt (zum Beispiel zweimal absagt, etwas Respektloses äußert, öfters zu spät kommt). Je früher ein solcher Dating-Prozess endet, umso besser. Und insbesondere, wenn es sich um einen Online-Kontakt handelt, würde ich nur eine, maximal zwei Chancen einräumen.

Es gibt immer eine bessere Zukunft …

Dem ist nicht viel hinzuzufügen. Wenn du deinen Weg gehst und ein gutes Leben lebst, wie es dir möglich ist, werden die richtigen Menschen dazustoßen.

26 Attraction cuts everything

Wenn man sich eine Sache heraussuchen möchte, an der man arbeiten kann (in und außerhalb einer Beziehung), dann die eigene *Attraktivität* zu steigern. Damit ist jetzt nicht unbedingt das Äußere gemeint (obwohl du da natürlich auch etwas machen kannst). Es geht vielmehr darum, an seiner Selbstliebe, seiner Autonomie, seinen kommunikativen Fähigkeiten, seinen Skills, seinem Selbstwert und Selbstbewusstsein und vor allem an seiner Polarität zu arbeiten.

Die innere Haltung dabei ist, dass du das in erster Linie für dich machst, einfach damit du eine ganz andere Ausstrahlung bekommst. Je mehr du für dich glücklich bist und dabei offen und zugänglich bleibst, umso ein interessanterer Partner bist du, umso leichter fallen dir Dating und Langzeitbeziehungen. Selbstverständlich zählen genauso deine gesunden Glaubenssätze zur »inneren Schönheit«.

Deine Attraktivität liegt aber stets auch im Auge des Betrachters. Manche Menschen fahren schlicht auf dich ab und andere nicht. Alleine schon der Versuch, allen zu gefallen, ist zum Scheitern verurteilt und keine gute Idee.

Also, mein zweiter Rat an dieser Stelle lautet: Date und treffe Menschen, die wirklich Spaß an dir haben und die gerne Zeit mit dir verbringen wollen. Das gilt auch für Freundschaften. Versuche nicht, bergauf zu schwimmen mit Menschen, die du zu einem Treffen »tragen« musst.

Die Überschrift dieses kleinen Kapitels lässt sich folgendermaßen zusammenfassen: Menschen, die wirklich auf dich stehen, sind ernsthaft für dich da, nehmen schwierige Wege auf sich – für dich. Ich sage immer ganz gerne: Im Extremfall wechseln sie sogar den Kontinent oder die Religion für dich. Wenn du dann bestenfalls für diese Menschen das Gleiche fühlst, dann hast du »deinen Stamm« gefunden. Gleiches lässt sich für Ehekrisen feststellen: Die eigene Attraktivität und Anziehungskraft zu steigern, ist immer ein erster Schritt. Ich hoffe, es ist in diesem Buch klar geworden, dass das auch heißen kann, unbequem zu reagieren. Keine gute Kommunikation rettet eine langfristige Beziehung, wenn Polarität und gegenseitige Attraktivität nicht mehr vorhanden sind.

27 Ausblick: Beziehungen des neuen Jahrhunderts

Dieses Buch ist geschrieben, Beziehungen zu meistern. Aber warum sind letzten Endes so viele Menschen dauerhaft unzufrieden? Gibt es einen Ausblick, wie sich das Ganze ändern könnte?

Der Hauptgrund für viele, wenn nicht die meisten Beziehungsschwierigkeiten ist unser verletztes Ego. Diese Verletzungen sind in der Regel in der Kindheit, teilweise aber auch danach erworben. Sie führen zu einem System von Glaubenssätzen, die unsere Beziehungsfähigkeiten einschränken. Das größte Gift dabei ist die Angst. Die Angst, nicht genug zu sein, die eigenen Grenzen nicht wahren zu können, nicht das zu bekommen, was man haben will, oder verlassen zu sein. Alles, was unser Ego bedroht, wird dann zum Problem, weil wir scheinbar auf nichts anderes zurückgreifen können. Wir versuchen, Verletzungen sofort durch Rück-Verletzungen zu befrieden (Auge um Auge!) oder ängstlich am Partner wie an einem sinkenden Schiff festzuhalten, dabei sind wir gar nicht auf hoher See. Das Ego, also alle unsere Gedanken, Glaubenssätze und Einstellungen, ist dabei überhaupt erst der Mechanismus, der Trennung erlebbar macht. Und die Wirkung des Egos ist es, immer wieder Trennung herbeizuführen, weil es ohne Trennung einfach gar nicht mehr zu existieren bräuchte.

Auf einer höheren Ebene gibt es das Ego aber gar nicht, da sind wir fortwährend alle vereint und haben eigentlich all die Liebe, die wir uns jemals ersehnen könnten, bereits in uns. Aber es fällt uns (mich eingeschlossen) oft so schwer, das zu fühlen. Wenn wir die alten Verletzungen ausheilen und über das Ego hinausgehen, sind ganz neue Arten von Beziehungen möglich. Aspekte dieser neuen Art von Beziehungen stelle ich im Folgenden vor:

Fülle statt Mangel

Gegenwärtige Beziehungen leben davon, einen Mangel auszugleichen. Den Mangel an Liebe, Mangel an Zweisamkeit, Mangel an Sicherheit, Mangel an Sinnhaftigkeit usw. Das funktioniert aber leider nur teilweise, insbesondere oft in der Zeit der Verliebtheit. Danach kommt unweigerlich der Augenblick, wo der Partner diese Lücke nicht mehr ausfüllt, und dann spürst du den Mangel umso mehr. Beziehungen neuen Typs sind erst möglich, wenn wir wirklich die Fülle in uns spüren und paradoxerweise eigentlich nicht zwingend eine Beziehung bräuchten, um glücklich zu sein.

Keine Angst

Wo Fülle herrscht, gibt es keinen Grund, Angst vor Verlust und Trennung zu haben: Es war und ist ja sowieso schon alles da, liegt für uns bereit, tief in unserem Inneren. Und wenn der Partner nicht anwesend ist, bleibt alles sicher, weil die Zeit ohne Partner auf eine andere Art genauso schön ist. Gleichzeitig besteht keine Bindungsangst, da radikale Freiheit herrscht – auch die Freiheit, jederzeit die eigenen Grenzen zu halten und Abstand zu wahren bzw. zu vergrößern. Wo soll da Angst vor Nähe entstehen? Da die Verbindung zum Partner jenseits des Egos liegt, bleibt sie dauerhaft bestehen. Insofern wird es keine Trennungen wie bisher mehr geben. Insbesondere keinen Rosenkrieg, der immer auf ein verletztes Ich zurückgeht. Man entscheidet sich einfach, bestimmte Aspekte von Beziehung nicht mehr physisch zu leben. Aber warum sollte man nicht in Liebe weiter verbunden bleiben? Da es keinen Mangel gibt, bleibt auch für einen neuen Partner genug über.

Ehrlichkeit & Kommunikation

In einer Beziehung neuen Typs gibt es eine radikale Ehrlichkeit. Meistens entsteht Lüge aus bewusster oder unbewusster Angst. Angst davor, dass man in letzter Konsequenz nicht »lieb-bar« ist: Wenn der andere erst erfährt, wo man wirklich steht, was man tatsächlich denkt, dann wendet er sich garantiert ab. Erst durch Ehrlichkeit entsteht die Chance, wahre, unbedingte Liebe zu erleben. Zudem übernimmt jeder die Verantwortung für sein eigenes Handeln und Fühlen, weg von den Täter- / Opfer-Rollen.

Vertrauen statt Kontrolle

Absolutes Vertrauen wird Kontrolle ersetzen. Da man von unbedingter Ehrlichkeit ausgeht und auch das Alleinsein keine wirkliche Bedrohung darstellt, besteht keine Notwendigkeit, dem anderen Fesseln anzulegen. Wenn der signalisiert, lieber den weiteren Weg mit jemand anderem gehen zu wollen, lässt man ihn das tun, weil man sein Bestes will. Paradoxerweise wird dies Beziehungen viel stabiler machen.

Freiheit der Beziehungsform

Es wird kein festes Set von Regeln geben, wie eine Beziehung auszusehen hat, ob lang, kurz, monogam, in einer Wohnung usw. Sicherlich bietet eine monogame Beziehung noch lange einen guten Rahmen, wirklich in die Tiefe zu gehen. Aber letztlich ist es ein gemeinsames Commitment auf einen bestimmten Rahmen, der auch jederzeit geändert werden kann.

Lieben im Jetzt

Eine fantastische Beziehung bewegt sich immer im Jetzt. Man rechnet keine Dinge aus der Vergangenheit auf und hofft auch nicht, dass in der Zukunft alles besser werden muss. Man ist dankbar für jeden Tag und lässt Erwartungen fallen.

28 Wo kannst du Hilfe finden

- WWW.LIEBESCHIP.DE
- WWW.EHEBERATUNG.INFO

Auf meiner Webseite LIEBESCHIP.DE findest du ein aufeinander aufbauendes Konzept von Kursen. Die kannst du einfach mal ausprobieren oder auch gut zu einer begleitenden Psychotherapie machen. Gegenwärtig gibt es:

- Modul 0: Hilfe bei (toxischem) Liebeskummer
- Modul 1: Umprogrammierung deines Liebeschips
- Modul 2: Vertiefungsübungen
- Modul 3: Selbstliebe-Challenge
- Modul 4: Co-Abhängigkeit und Bindungsangst
- Modul 5: Dating-Strategien
- Modul 6: Bindung und Trauma (zur Drucklegung noch im Aufbau)

Außerdem finden Liebeschip-Abende und Bootcamp-Wochenenden in einigen Städten statt.

Zeitweise mache ich auch Telefon- / E-Mail-Beratungen oder auch Termine in meiner Praxis, das ist aber eher die Ausnahme. Außerdem kannst du dich unter bestimmten Voraussetzungen bei mir zum Liebeschip-Coach ausbilden lassen.

Zu guter Letzt schaust du dir einmal meinen Kanal auf YouTube mit Hunderten von Videos an.

SLAA / Coda

Eine gute Ergänzung und häufig wirklich ein game changer ist die Teilnahme an AA-Gruppen (an vergleichbaren Gruppen zu *abhängigen* Beziehungen). Diejenigen, die das gemacht haben, kommen wirklich schneller voran. In Frage kommende Programme sind vor allem SLAA (sex and love addicts anonymous, SLAA.DE) und CODA (Codependants anonymous, CODA.ORG). Ich weiß, die Schwellenangst, in diese Gruppen zu gehen, ist enorm hoch. Aber du solltest dir das wirklich mal anschauen. Das 12-Schritte-Konzept ist hochinteressant und in der Praxis sehr erfolgreich. Es gibt inzwischen auch Online-Gruppen.

Jede Gruppe ist selbstverständlich anders, und du musst – wie übrigens bei Therapeuten auch – einfach erspüren, ob du klarkommst mit den jeweiligen Teilnehmern und Themen, die vorrangig in der Gruppe erfahren und besprochen werden.

Therapeuten & Coaches

Es ist wirklich gut, in den schlimmsten Zeiten jemanden an der Seite zu haben. Such dir einen Therapeuten, Paar-Berater oder einen Coach, der schon von deiner Thematik gehört hat. Pass auf dich auf, dass du nicht wieder an jemanden gerätst, der dich letztlich nicht versteht.

In wirklichen Notfällen, wie zum Beispiel toxischem Liebeskummer, zögere nicht, auch mal die Telefonseelsorge, einen deiner Ärzte oder sogar die Notaufnahme in einem Krankenhaus zu kontaktieren. Denk immer daran, dass dein emotionales Elend zeitlich begrenzt ist und auf jeden Fall etwas Besseres auf dich wartet.

Auf LIEBESCHIP.DE ist auch der Aufbau eines Verzeichnisses von Liebeschip-Coaches geplant.

29 Danksagung

Ich habe dieses Buch zwar alleine geschrieben, aber es wäre nicht möglich gewesen ohne die Menschen, die mich auf meinem Weg begleitet haben. Ich könnte diese Arbeit nicht machen, wenn ich nicht wüsste, was toxische Beziehungen sind, im Übrigen ist jede Übung in diesem Buch von mir persönlich getestet worden.

Bedanken möchte ich mich vor allem bei meinen Coaches, die mich begleitet haben: Jim Hall, Susan Peabody, Corey Wayne, »Mouth of the Ape« und Meredith Miller aus den USA, Nathalie Lue aus England sowie besonders bei Susanne Vollgold und Sylvia Bruss aus Deutschland. Es gab noch einige Begleiter und Lehrer mehr, aber diese sind für mich in der letzten Zeit die prägendsten gewesen.

Ein ganz großes Danke natürlich auch an alle Klienten und Zuschauer auf Youtube, die sich mir anvertraut haben.

Außerdem bedanke ich mich bei all meinen Freundinnen und Dates, es waren manchmal »Negativ-Coaches«, aber sie haben mir unendlich geholfen.

Danke auch an meine Familie, vor allem meine Schwester, die mich oft unterstützt hat.

Und natürlich ein Danke an mein Liebeschip-Team (vor allem Madlen Pörtner), in dem sogar meine Tochter inzwischen mithilft.

Last but not least Danke an den Luther-Verlag und Bernd Becker, der mich direkt auf YouTube »aufgelesen« hat.